Introduction

Pour les nouveaux héritiers, tout va bien…

Leurs noms sont célèbres, leurs visages parfois moins. Ils aspirent à les faire connaître et leur état civil est un atout précieux. En quelques années, les « enfants de » ont envahi les magazines et les écrans. Pas une semaine sans qu'un « fils de » ne fasse le tour des plateaux télé pour la promo de son nouveau film, qu'une « fille de » ne confie ses souvenirs d'enfance dans la presse people, qu'un parent ne mette en avant sa progéniture au cours d'une promotion ou dans une soirée mondaine. Très visible, le phénomène semble déranger. Sa simple évocation provoque des commentaires gênés, à la limite du déni, dans les sphères dans lesquelles les « fils et filles de » évoluent. Comme si la déferlante d'enfants au patronyme célèbre était taboue. Quand ils ne refusent pas de répondre, beaucoup de professionnels préfèrent éluder cette vague d'héritiers sans précédent. Mieux vaut ne pas s'interroger sur les rouages d'une reproduction sociale qui s'affiche au grand jour. Impossible d'y échapper pourtant… Léa Seydoux, Chiara Mastroianni, Vincent et Cécile Cassel, Julie Depardieu, Laura Smet, Mathieu Demy, Charlotte Gainsbourg, Marilou Berry, Emmanuelle, Mathilde et Marie-Amélie Seigner, Eva Green, Sarah Biasini, Clovis Cornillac, Marina Hands, Anthony, Alain-Fabien et Anouchka Delon, Emmanuelle Devos ou Marion Cotillard sont parmi les plus connus des « enfants de » du cinéma. D'autres leur emboîtent le pas : Lolita Chammah, Félix Moati, Ana Girardot, Romane et Lou Bohringer, Sagamore, Robinson, Salomé et Pierre Stévenin, Manuel, Fiona, Hugo Gélin, Sören Prévost, Marius Colucci, Emma de Caunes, Pierre Rochefort, Gaël et Sara Giraudeau, Aurore Auteuil, Alexie Ribes, Émile Berling, Charlotte Gaccio, Arthur Jugnot, Salomé Lelouch, Zoé Adjani, Anna et Antonin Chalon, Juliette Darroussin, Christian Vadim ou Zoé Marchal. Tous creusent le sillon de parents plus ou moins connus, entament ou poursuivent une carrière parfois aboutie ou plus en dents de scie. Les réalisateurs ne dérogent pas à la règle : Jacques Audiard, Matthieu Kassovitz, Romain Gavras, Nils Tavernier, Thomas Chabrol, Christopher Thomson, Alexandre Aja, Emma Luchini, Angèle Herry, demi-sœur de Jeanne Herry et de Lola Dewaere, Isild et Jowan Le Besco, frère et sœur de Maïwenn… Pour ne citer qu'eux.

Interminable, la liste des « enfants de » du cinéma donne le vertige. Hier, quelques lignées d'acteurs seulement marquaient de leur empreinte le cinéma français. Dans la dynastie des Brasseur, l'ancêtre, Jules Dumont, fils d'un marchand de bois, se lança dans le théâtre en 1847, sous le nom de scène de Jules Brasseur. Ce patronyme sera conservé de génération en génération par ses descendants Albert, Pierre, Claude puis Alexandre. Aujourd'hui, les noms célèbres sont présents au générique de nombreux films, y compris dans le cinéma d'auteur : Louis et Esther Garrel, Lou et Lola Doillon, entre autres. À la fin des années 1950, les cinéastes de la Nouvelle Vague, Truffaut, Godard, Rohmer, Rivette ou Chabrol, n'avaient pas d'ancêtres de qui tenir dans le milieu du cinéma. Certains étaient passés par des classes préparatoires littéraires et le quartier Latin, d'autres par des voies encore plus éloignées de la culture. Aujourd'hui, dans un secteur qui s'est largement industrialisé, le « nom » est devenu un ticket d'entrée. Il permet de couper les files, de commencer une carrière – que le talent soit ou non au rendez-vous.

Dans l'industrie de la musique aussi, les enfants des chanteurs à succès des années 1970, 1980 et 1990 sont apparus sur le devant de la scène. Thomas Dutronc, Mathieu Chedid, plus connu sous le nom de -M-, Pierre et Charles Souchon, Julien Voulzy, Arthur H et Izïa Higelin, David Hallyday, Aurélie Cabrel, Christopher Stills, Vanille Clerc, David Jarre, Michaël Goldman, Lulu Gainsbourg... Même scénario que dans le cinéma : beaucoup de leurs célèbres parents n'étaient pas issus de familles d'artistes. Depuis les années 1990, les « enfants de la balle » sont en haut de l'affiche. Dans une société du tout médiatique, leur nom les propulse immédiatement sous les « sunlights ».

Quelle place alors pour les nouveaux entrants ? Depuis une quinzaine d'années, les chaînes ont remis au goût du jour les programmes dits de « télécrochet » : *Star Academy, La Nouvelle Star, The Voice*... Sur petit écran, les talents en devenir « sans nom » passent par une sélection rude, sous le regard d'un jury parfois intraitable et, pour les plus chanceux, s'affrontent durant des semaines de compétition devant les caméras. Pendant que les réseaux familiaux sont à la manœuvre, le petit écran organise, en prime time et à grand renfort de publicité lucrative, un simulacre de méritocratie artistique. *In fine*, ce sont les téléspectateurs qui votent. Imparable. Sauf qu'entre un texto surtaxé (« pour Vincent, taper 1 ; pour Anaïs, taper 2... ») et l'achat d'un album, le fossé est immense. Pour un Julien Doré ou une Olivia Ruiz qui font carrière, nombre de gagnants de ces émissions retombent vite dans l'oubli.

Que l'ascendance soit revendiquée ou conflictuelle, la famille fait la une. Les naissances, la vie privée, les séparations sont racontées dans les médias. Auparavant réservé aux dynasties royales, ce traitement vaut maintenant aussi pour les stars du show-biz comme pour les politiques et, dans une certaine mesure, pour les grandes familles du monde économique. Mais les histoires de « fils et filles de » dont la presse se délecte ne sont pas seulement un moyen d'écouler du papier dans un contexte d'explosion des ventes de la presse people. Elles reflètent une réalité sociale qui a la vie dure : les « dynasties » se portent à merveille dans la France des années 2010, dans tous les secteurs et lieux de pouvoir.

Contrairement à la sphère culturelle, où le phénomène est relativement nouveau, la transmission est une pratique ancestrale dans le monde économique, très pratiquée dans l'Hexagone. Selon le Boston Consulting Group, les familles contrôlent pas moins de 40 % de l'économie française. Force est de constater que le « family business » a résisté à toutes les évolutions récentes de la finance et des marchés. Et que les « enfants de » sont prêts à se battre, y compris entre eux, pour le perpétuer. Le recours massif aux petits investisseurs n'a pas mis fin au pouvoir des familles d'entrepreneurs qui parviennent à imposer leur héritier même en étant minoritaires au capital.

Il y a les dynasties Dassault, Rothschild, Bettencourt, Wendel, Decaux, Michelin, Peugeot, Riboud ou Bouygues. Mais aussi les « fils et filles » d'entrepreneurs ayant créé leur propre empire : Pinault, Arnault, Lagardère ou Bolloré. Et d'autres familles encore, attachées à une épopée entrepreneuriale : les Naouri chez Casino, les Houzé aux Galeries Lafayette, les Mulliez chez Auchan, les Besnier chez Lactalis… Toute une galaxie de familles qui, des grands groupes du CAC 40 aux plus petites PME, se transmet les rênes du pouvoir. La « nouvelle économie » non plus n'a pas bousculé les habitudes. Des héritiers s'y sont lancés, comme Adrien Dassault, Alain Lévy ou Édouard de Pouzilhac. D'autres, comme François-Henri Pinault dans les années 1990, ou Romain Afflelou aujourd'hui, ont fait évoluer le numérique à l'intérieur du groupe fondé par leur père.

Le capitalisme familial a la vie dure et les rentiers se portent à merveille. L'économiste Thomas Piketty ne dit pas autre chose. Dans son ouvrage au succès mondial, *Le Capital au XXIe siècle*[1], il montre que les inégalités sociales et économiques sont reparties à la hausse depuis les années 1980. Alors que le capital a perdu de sa valeur au cours du XXe siècle, notamment à la suite des deux conflits mondiaux, il est redevenu prépondérant. Sous le double effet d'une taxation amoindrie, notamment sur les successions, mais aussi d'une croissance faible, qui entraîne une

1 Éditions du Seuil, 2013.

baisse mécanique des revenus du travail. Les héritiers sont de retour !

En politique aussi, les familles ont pignon sur rue. De la dynastie des Kennedy à celle des Bush, les Américains ne sont pas les seuls à embrasser des carrières politiques de père en fils. En France, le suffrage universel n'a pas (encore) porté de « fils ou filles de » à la présidence de la République. Mais, malgré la professionnalisation à l'œuvre, les dynasties locales sont bien ancrées dans leurs territoires et les mandats se transmettent parfois comme des titres de noblesse. Il y a les Pfimlin en Alsace, les Giscard d'Estaing en Auvergne, les Rocca Serra ou les Simeoni en Corse, mais aussi les dynasties Debré, Joxe ou Poniatowski. Beaucoup d'élus de premier plan ont des familles investies en politique depuis une ou plusieurs générations. Michèle Alliot-Marie, Nathalie Kosciusko-Morizet, François Baroin, Roselyne Bachelot, Dominique de Villepin, Jean-Pierre Raffarin, Pierre Moscovici ou Martine Aubry sont tous des « fils et filles de » : leurs pères ou grands-pères ont été, avant eux, des élus locaux ou nationaux. Du côté du Front national, en quarante ans, le parti a été dirigé par deux chefs : le père, Jean-Marie, et la fille, Marine. La nièce de cette dernière, Marion Maréchal, est la valeur montante du parti d'extrême droite. Si bien que Marine Le Pen compare désormais, sans rire, sa famille aux... Kennedy.

Dans les familles de militants, le virus de la politique se transmet par imprégnation et les « enfants de » prennent souvent leurs premiers engagements très jeunes. Certaines successions ont un goût plus arbitraire et heurtent la sensibilité de l'opinion. Jean Sarkozy a marqué l'année 2009. Alors simple conseiller général de vingt-trois ans, il est pressenti à la tête de l'Epad, l'établissement public qui gère l'aménagement du quartier d'affaires de La Défense, après le départ programmé de Patrick Devedjian. Son père, Nicolas Sarkozy, alors président de la République, lui accorde tout son soutien. Ce dernier sous-estime l'onde de choc de cette candidature auprès du grand public. L'affaire provoque un tollé médiatique. 64 % des Français disent s'y opposer dans un sondage CSA d'octobre

2009. Une semaine plus tard, Jean Sarkozy annonce au journal de *20 heures* de France 2 qu'il renonce à la présidence de l'organisme qui accorde les marchés publics les plus juteux de l'Hexagone. Depuis, il ne s'est pas représenté aux dernières élections départementales et travaille comme juriste dans le cabinet d'avocats Claude & Sarkozy, dont son père est l'un des associés.

La reproduction est à l'œuvre dans de nombreux secteurs. Friands d'histoires familiales, les médias eux-mêmes s'adonnent volontiers à cette logique. Les dynasties Drucker, Poivre d'Arvor ou de Caunes se sont déployées sans encombre dans les couloirs de l'audiovisuel public ou privé. Chez les Drucker, Marie a suivi les traces de son père et de son oncle, Jean et Michel. Patrick Poivre d'Arvor a présenté le *20 heures* de TF1 pendant vingt et un ans, mais son fils fait carrière dans le service public. Quant aux de Caunes, le père, Antoine, et la fille, Emma, ont officié sur Canal +, à la suite de Georges, un des pionniers de l'ORTF. En 2009, Olivier Villa a présenté une série d'émissions hommages sur son père, Patrick Sébastien, et chante comme lui. Le fils de Pierre Bellemare, Pierre Dhostel, a commencé sa carrière dans la même radio que son père, Europe 1. Lequel a, au passage, changé de patronyme. Puis présenté ensuite M6 Boutique comme son père œuvra dans l'émission de télé-achat de TF1. La productrice de téléréalité, Alexia Laroche-Joubert, est la fille de Martine, grand reporter de TF1. Après avoir été présentatrice sur Téva, Virginie Foucault, fille de Michel, est devenue productrice...

Dans le sport aussi, les yeux sont rivés sur les « fils de », et en particulier sur ceux des joueurs de la « Génération 98 », vainqueurs de la première Coupe du monde de football française. Aux premiers rangs desquels, les quatre garçons de Zinédine Zidane. L'aîné, Enzo, joue dans l'équipe réserve du Real Madrid, et a déjà été coaché par son père, entraîneur adjoint du club madrilène. Luca, gardien de but dans l'équipe jeune, mais aussi dans l'équipe de France des moins de dix-sept ans, est l'objet de toutes les attentions. Quant à Théo, douze ans, et Élyaz, neuf ans, la moindre de leurs passes est scrutée. Anticipant probablement les comparaisons, l'aîné joue sous le patronyme de sa mère, Fernández. Le stratagème s'est révélé bien peu efficace.

Au printemps 2015, Marcus Thuram, le fils de Lilian, a fait ses débuts en Ligue 2, sous les couleurs de Sochaux. La dynastie Djorkaeff se perpétue, puisque, après Jean et Youri, Oan a intégré le centre de formation d'Évian Thonon Gaillard. Ces trajectoires doivent-elles tout aux performances des joueurs concernés ? Pas si sûr. À Nice, Claude Puel entraîne son fils, Grégoire. Le fils à papa est sifflé par les supporters à chaque match. Il faut dire que Grégoire a été formé à l'Olympique lyonnais, à l'époque où son père en était l'entraîneur. Et, à Nice, c'est l'un des joueurs les plus utilisés. Quand certains joueurs niçois ont, eux aussi, émis des critiques, Claude Puel a non seulement titularisé son fils lors du match suivant, mais aussi fait entrer son frère, Paulin, seize ans, pour ses grands débuts en Ligue 1.

Il y a cinquante ans déjà, le sociologue Pierre Bourdieu pointait la reproduction des hiérarchies sociales, garante d'un ordre social immuable. En plus du capital économique, ses travaux soulignaient l'importance du capital culturel. Nous avons voulu, dans cet ouvrage, explorer la puissance du nom, devenu désormais une forme de patrimoine. La France des passe-droits familiaux est une réalité, en particulier dans un pays plongé en pleine crise économique. Dans les sphères les plus élitistes, son organisation sociale revêt un caractère largement monarchique où les « titres » se transmettent de génération en génération. Illustrant un retour en arrière inquiétant, ou une absence d'évolution, les « fils et filles de » profitent pleinement de leurs privilèges.

I

Aux origines des privilèges

La méritocratie républicaine ? Très peu pour eux. Les « fils et filles de » qui grandissent dans les milieux les plus favorisés désertent, pour beaucoup, l'école de la République. Nul besoin d'ascenseur social pour les enfants bien nés. Leurs parents les inscrivent, à un âge de plus en plus jeune, dans les établissements les plus sélects de la capitale. Les méthodes pédagogiques y sont sévères ou particulièrement attentives à leur bien-être. Dans les deux cas, il s'agit d'échapper à l'éducation de masse par tous les moyens, passe-droits et petits arrangements entre amis compris. Sur les bancs de ces établissements, les rejetons des grandes familles d'aujourd'hui bénéficient d'un accès privilégié au savoir et à la culture. Et prennent une avance décisive que les autres écoliers auront bien du mal à rattraper. Lorsque l'école est finie, leurs loisirs ou leurs vacances obéissent aux règles de l'entre-soi, qui favorisent les rencontres entre semblables, la constitution d'un réseau personnel et professionnel, et les mariages.

1

Exit l'école de la République !

Par un après-midi ensoleillé, à la cathédrale américaine de Paris, avenue George-V, à deux pas des Champs-Élysées. Ici, les fidèles ou les touristes ne sont pas les seuls à monter les quelques marches qui conduisent à l'intérieur de l'édifice. Des enfants les gravissent tous les matins pour se rendre... à l'école. Dans une classe un peu particulière, trustée par les riches familles du quartier. L'enseignement suit la méthode de la pédagogue italienne Maria Montessori, qui fit un tabac dans les années 1970 auprès des parents les plus progressistes. Au premier étage des annexes de la cathédrale, une salle de classe en apparence comme les autres : répartis en petits groupes, des bambins s'affairent autour de tables d'écolier, certains s'activent sur des tapis à même le sol.

La scène a tout de la journée ordinaire d'une école maternelle. À quelques exceptions près. Ici, pas de classes surchargées et bruyantes, ni d'enseignants débordés. La salle accueille une dizaine d'élèves seulement en cet après-midi d'octobre. Malgré leur petit nombre, les enfants sont encadrés par deux enseignants en même temps. La classe « toddler » de la très demandée Bilingual Montessori School of Paris reçoit au maximum vingt-deux enfants de deux à cinq ans. L'après-midi, seuls les plus grands restent et ne forment plus qu'un petit groupe d'une dizaine d'écoliers. Ustensiles de cuisine et minibalais côtoient les plus classiques puzzles, mappemondes, globes terrestres, livres et autres établis de peinture. Le matériel pédagogique est de première qualité. À l'image de ce piano électrique, adossé à l'un des murs de la classe. Sur les étagères et les tables, aucun jouet n'est en plastique. « Tout est en bois et en matériaux nobles », explique Laurent Lavollay-Porter, le fils de la fondatrice qui a relayé sa mère à la tête de l'établissement. « C'est un choix pédagogique. Le plastique ne casse pas. Quand un enfant le maltraite, il ne comprend pas les conséquences. Avec le bois ou le verre, si. Mais cela coûte cher [1]... »

Pourtant pensée par Maria Montessori, sa conceptrice, pour les enfants des familles défavorisées, cette pédagogie fait désormais de l'œil aux grandes familles françaises et internationales. Et ses méthodes hors normes ne sont plus regardées avec circonspection par les représentants de la gentry française. Depuis peu, au contraire, elles les séduisent. Les personnalités se pressent aux côtés d'avocats célèbres, de dirigeants d'entreprise et de cadres sup internationaux de la finance pour décrocher l'une des quelques places du prestigieux établissement. Les enfants d'Alain Ducasse, ceux de Jean-Marie Messier et la dernière fille de Philippe Starck font partie de ces effectifs triés sur le volet.

Aménagements cousus main

Il faut dire que l'établissement a su s'adapter à son nouveau public. À commencer par la souplesse des horaires, qui s'ajustent aux agendas alambiqués des parents. « Les horaires ne sont pas aussi stricts qu'à l'école publique », précise une mère de famille. « Il est possible de les déposer entre 8 h 50 et 9 h 10 et les enfants peuvent entrer même s'ils sont en retard. » Des aménagements cousus main sont aussi prévus pour coller aux spécificités professionnelles des puissants géniteurs.

---

1 Toutes les citations sont issues d'entretiens réalisés par les auteures, sauf mention contraire.

Comme le cas de ce petit garçon qui, malgré des allers-retours incessants entre Paris et New York dus à la profession de ses parents, jouit d'un accompagnement sur mesure entre les deux écoles Montessori qu'il fréquente de chaque côté de l'Atlantique. Même les méthodes d'apprentissage ont été peaufinées pour correspondre à ces nouveaux adeptes. « Contrairement à l'image que Montessori a eue pendant longtemps en France, la méthode n'est pas baba cool. La classe n'est pas un joyeux bazar », insiste le directeur. « La liberté de l'enfant est centrale, mais cela n'exclut pas la discipline. Sauf qu'on ne la lui impose pas, on lui donne la liberté d'être discipliné. »

Au cœur du processus, l'autonomie de l'enfant, fondée sur le développement sensoriel, a pu un temps laisser la crème des familles sceptique. Dans la classe, les enfants choisissent eux-mêmes leurs activités, à portée de main dans des box de bois alignés le long des murs. Les conditions d'enseignement et l'encadrement en font un cocon aussi enviable qu'exceptionnel. D'ailleurs, les enseignants n'ont de cesse de les encourager.

Grâce aux sorties régulières au musée d'Orsay, au musée Rodin, ou à la Cité des sciences, les jeunes privilégiés sont sensibilisés à la culture avant même de savoir épeler le mot « musée ». « On essaie d'amener chaque enfant au seuil de la découverte », précise Laurent Lavollay-Porter. « Quand il refait un exercice de son choix, on tente, sans forcer, de le faire évoluer vers l'étape d'après, pour qu'il apprenne quelque chose de nouveau. » La stimulation, permise par une attention de tous les instants, semble porter ses fruits. Avant même le CP, l'éducation des petits de VIP leur donne une longueur d'avance difficile à rattraper pour le commun des mortels. Assise à une table, une fillette se lève pour se saisir d'un classeur rempli de partitions, en extrait une, et entame un morceau sur le piano électrique. De son côté, un petit garçon se lance, grâce à un jeu de jetons, dans l'appréhension… des nombres pairs et impairs.

Le succès est au rendez-vous : l'école a ouvert une classe de CP à la rentrée 2013. Mais ce cadre haut de gamme a un prix. Les frais de scolarité avoisinent les 8 000 euros annuels la demi-journée pour les 2-3 ans, et 10 000 euros la journée entière pour les 4 ans ! « Nos écoles sont hors contrat et pas toujours faciles à rentabiliser », se défend le propriétaire. « C'est le prix à payer pour la pédagogie et les loyers. Nous cherchons à regrouper nos différents sites pour atténuer les frais immobiliers. » Mais le coût de la luxueuse pouponnière ne décourage pas leurs fortunés parents.

Écoles hors normes ou pédagogies alternatives, rien n'effraie plus les grandes familles, qui souhaitent toujours plus échapper au système classique de l'école de la République. Anne Coffinier reçoit dans les modestes bureaux de la Fondation pour l'école, dans le XVIIIe arrondissement parisien. Elle a créé cette association en 2004 pour recenser les écoles « totalement libres » qui se créent chaque année. Pour elle, le système scolaire français est « sclérosant » et l'école publique « à la dérive ». « En voyant les écoles à l'étranger, nous nous sommes dit avec plusieurs parents et amis qu'il était dommage que la France soit si monopolistique et unifiée dans son approche, raconte l'énarque aujourd'hui diplomate. Très égalitariste, ce système ne convient pas à tout le monde. » Il y a dix ans, 150 écoles libres étaient recensées. Elles sont 700 aujourd'hui. Aucun doute : à l'égalité, les familles bien nées préfèrent un élitisme choisi et assumé. « Les familles de la haute société optent de plus en plus vite et de plus en plus tôt pour le privé sous contrat, voire hors contrat. Montessori est la grande tendance de ces dernières années », confirme Anne Coffinier, qui compte plusieurs écoles suivant cette méthode dans sa fondation. « C'est une pensée, à l'origine catholique, intéressante pour des gens qui veulent développer la spiritualité. Les décideurs du CAC 40 aiment y mettre leurs enfants : ça fait bien, ça pose. C'est une façon de se différencier. »

Les grandes familles cherchent à intensifier l'entre-soi. L'essentiel : entrer le plus tôt possible dans des établissements, sinon d'excellence, qui offrent en tout cas la possibilité de se retrouver dès les premières dents de lait entre gens de bonne compagnie. Désormais, plus d'une centaine d'institutions privées possèdent des jardins d'enfants. Parmi lesquelles les plus prisés des établissements parisiens : l'École alsacienne, l'école Jeannine-Manuel et l'École internationale bilingue (EIB) – issues de la scission de l'ancienne École active bilingue – mais aussi les fameux Stanislas, dans le VIe arrondissement, Franklin, Saint-Jean-de-Passy ou Notre-Dame-des-Oiseaux, dans le XVIe arrondissement, ou encore le Cours Hattemer, rue de Londres, et Fénelon Sainte-Marie, dans le VIIIe arrondissement. Leur mission commune : transformer les bambins biens nés en minicracks. En les prenant au berceau. C'est que les influents parents ont compris avant d'autres que l'avenir de leurs enfants se jouait dès les premiers pas, dans le bac à sable. Plus question d'attendre l'entrée en sixième pour se préoccuper de la scolarité de sa progéniture. D'autant qu'une pédagogie à part est aussi un moyen pour certains de cultiver un nouveau microcosme, celui-là éducatif.

Une sélection sans merci

Résultat, pour intégrer les saints des saints, la concurrence est rude et la sélection toujours plus sévère. Environ 1 300 euros annuels pour Saint-Jean-de-Passy, 1 700 euros annuels pour Jeannine-Manuel, l'EIB ou Stanislas, et pas moins de 2 700 euros pour l'Alsacienne et Franklin ; c'est peu dire que cette scolarité de luxe est réservée aux plus favorisés. Avec au moins 1 900 euros par trimestre, le Cours Hattemer fait partie des plus onéreux. Et ce, sans compter la cantine, facturée de 1 500 à 2 000 euros en moyenne par an, mais aussi les frais annexes divers et variés obligatoires (frais d'inscription, administratifs, de gestion, d'examen, examen médical, assurance scolaire, fournitures scolaires...) ou facultatifs (garderie, soutien scolaire, étude dirigée, cours de langue, « participation volontaire aux travaux »...) qui doublent, voire triplent l'addition. Le simple fait d'effectuer une demande d'inscription coûte par exemple 30 euros à Stanislas, 45 euros à Jeannine-Manuel et 410 euros à l'EIB !

Mais la sélection par l'argent n'est pas suffisante. Et les familles ne ménagent pas leur peine pour faire partie des quelques « happy few ». À l'École internationale bilingue, « il faut postuler un an avant, puis rencontrer la directrice pour un entretien individuel. Les critères de choix restent inconnus. Avoir une bonne position sociale est peut-être important mais on n'en sait rien », raconte une maman. Certaines institutions vont plus loin encore et demandent la constitution de dossiers très fournis. Si Franklin se « contente » de deux dessins, du travail quotidien et de la photocopie des livrets d'évaluation de moyenne section, d'autres écoles sont plus exigeantes. L'École alsacienne exige un dossier, avec bulletin et lettre de motivation des parents, un entretien individuel avec l'enfant et organise un examen d'entrée à l'école primaire.

Certains établissements n'attendent même plus le CP. Incapables de répondre à l'afflux croissant de demandes, ils mettent en place des processus de sélection drastiques. Y compris pour des enfants de... trois ou quatre ans. Depuis quelques années, des tests sont confectionnés pour les futurs miniécoliers. Officiellement, ils ne s'apparentent en rien à des examens d'entrée. « Pour les petits, ce sont surtout les parents qui font les démarches le plus tôt qui sont acceptés », assure Jean-Xavier Moreau, directeur de l'École internationale bilingue, dans le VIIIe arrondissement de Paris. « On vérifie qu'ils sont en phase avec l'éducation que nous proposons. » Le test d'entrée ne serait donc en rien un processus de sélection. « Il faut par exemple que les enfants reconnaissent des animaux ou des couleurs », précise le directeur. « Cela ne sert qu'à déterminer la vivacité de l'enfant, ses capacités d'apprentissage, pour voir avec qui il faudra être plus attentif, qui nous pourrons laisser plus autonome. Si l'enfant répond cheval au lieu de chien, il ne sera pas pénalisé. On ne le refusera jamais pour cette raison. Je suis d'ailleurs persuadé que ceux qui prétendent le contraire ne savent pas ce qu'ils disent. Et heureusement ! »

Pourtant, difficile de croire que les résultats obtenus n'interviennent en rien dans la décision finale. Condition préalable et *sine qua none*, un bilan orthophonique d'aptitude à l'acquisition du langage oral et écrit est systématiquement exigé à l'école Jeannine-Manuel, pour, selon le site Internet, « déterminer si une éducation bilingue conviendra à l'enfant ». Pour le reste, l'établissement préfère parler de « rencontre d'observation ».

Chaque année, de janvier à mars, les jeunes candidats sont reçus par groupes d'une dizaine pour être examinés, les mercredis ou samedis après-midi, par les directrices de primaire dans l'une des salles de classe de l'antenne Dupleix. « À mon époque, il y avait moins de demandes, donc ça n'existait pas », raconte Laure* [2], ancienne élève trentenaire. « Théoriquement, l'idée n'est pas de prendre celui qui a le QI le plus élevé, mais plutôt celui qui a un QI équilibré, pour s'assurer qu'il est en capacité de suivre l'enseignement de plusieurs langues. »

Pendant une heure et demie, deux adultes, l'un chargé d'animer et l'autre d'observer les enfants, s'occupent des petits candidats, d'abord collectivement, puis un par un à une table. « Certains enfants pleurent pendant toute la durée du test, et refusent de faire quoi que ce soit, tellement les parents leur ont mis la pression », raconte Laure. Impossible de connaître avec certitude le contenu exact de cette mystérieuse séance : le secret des épreuves est soigneusement gardé. Malgré plusieurs sollicitations, l'équipe dirigeante de l'établissement a d'ailleurs refusé de nous rencontrer pour s'exprimer sur le sujet. « Lorsqu'une journaliste a fait un reportage sur les tests à Lille, ils ont été obligés de les changer, tout le monde les avait vus », se souvient la trentenaire. « Le contenu du test reste assez opaque », confirme Laurence*, une ancienne professeure de l'établissement.

Savoir écrire son nom « en bâtons », dessiner des triangles, restituer une histoire ou interagir correctement avec les autres enfants. Les petits sont scrutés sous toutes les coutures. Même lors des pauses aux toilettes ou durant le goûter : l'enfant sait-il se rhabiller tout seul ? Éplucher un fruit ? Clou théorique de la séance : le fameux test du bonhomme. « On regarde si les

---

2 Les prénoms suivis par un * ont été changés.

enfants dessinent juste des traits pour les bras ou s'ils rajoutent des cheveux, mains ou pieds, signe de davantage de maturité », détaille Laure, l'ancienne élève. *A priori*, un enfant sur cinq serait accepté. Rares sont les heureux élus dès leur première candidature.

Des prépas pour les tout-petits

Face à ces épreuves, et au mystère qui les entoure, certains parents sont prêts à tout pour intégrer l'établissement convoité : cours avec des graphologues, façon prépa avant l'heure, des orthophonistes, entraînements intensifs pour réaliser des dessins de bonhommes les plus réussis possible... ! Le Graal : obtenir la note A++, sésame de l'école. « Une de mes amies s'y est reprise à trois fois pour faire entrer sa fille. Elle a pris rendez-vous avec les directrices pour plaider sa cause, elle en était malade », se rappelle Laure. « Mais on lui a répondu que sa fille avait des lacunes psychomotrices et qu'elle n'avait pas fait la rééducation demandée ! »

La sélection aurait donc lieu exclusivement au mérite. Comment expliquer alors que, pour la plupart de ces établissements, la lettre de recommandation fasse partie intégrante du dossier d'admission ? « La notoriété des parents ou des personnes qui recommandent ne fait pas tout », confie Laurence, l'ex-prof de Jeannine-Manuel. « Certains enfants de personnalités n'ont pas réussi à entrer. » Depuis que le fils de Jeannine-Manuel a repris les rênes de l'établissement fondé par sa mère, les valeurs de l'institution semblent néanmoins avoir évolué. « C'est un business man. Et Élisabeth Zéboulon, la directrice, est une chef d'entreprise redoutable », juge l'ancienne prof. « Elle bosse très dur pour soigner ce qui compte plus que tout pour elle : le rayonnement de l'école. Tout ce qui y participe est bon. » Comme, entre autres, compter parmi ses effectifs les enfants de personnalités en vue.

« Ils sont hyper stricts sur la sélection », assure Laure. « Peut-être que si tu es un peu en dessous et connu ou pistonné, ça peut aider, mais on ne prendra pas quelqu'un qui ne peut pas suivre l'enseignement même si c'est le fils de Nicolas Sarkozy. » Il semble donc que Louis Sarkozy, élève de l'école avant que sa mère ne s'exile aux États-Unis, ait été un brillant élément. Le fils de l'ancien président n'est pas une exception. Les descendants de politiques, hommes d'affaires ou de stars sont légion sur les bancs de l'école bilingue. Les enfants des familles Bouygues, Paretti (Crédit lyonnais), Pouzilhac, Kessler, Servan-Schreiber, Schlumberger, Bruni, Madelin ou Bich (stylos Bic) ont été ou sont sur les bancs de l'école si convoitée. Mais aussi les enfants de Jean-François Copé (lui-même ancien élève), du mannequin Estelle Lefébure. Sont-ils tous des minicracks ?

Lettre de directeurs de cabinet pour « attirer l'attention » sur tel enfant, parents qui récitent leurs carnets d'adresses ou envoient les tests de QI de leur descendance, à l'École alsacienne aussi, les parents sortent leurs meilleurs atouts pour faire entrer leur progéniture dans le « place to be » germanopratin. D'ailleurs, il leur faut remplir un questionnaire dont l'une des questions est : par qui connaissez-vous l'école ? « Destinée à mieux comprendre le cheminement des parents, cette question ouvre la voie au *name dropping* dans toute sa splendeur », s'amuse un membre de l'encadrement.

Le refus de la carte scolaire

Quel que soit le moment choisi pour se préoccuper de l'éducation de leurs enfants, une chose est sûre : hors de question pour les familles les plus en vue d'accepter les règles du jeu en matière d'affectation scolaire. Le phénomène est décuplé à Paris. À voir la prudence affichée par nos interlocuteurs, la question reste largement taboue. En ces temps de crise économique, les tractations se passent en coulisses. « À Paris, il y a de plus en plus une forme de sécession scolaire », confirme un ancien membre de cabinet au ministère de l'Éducation nationale, qui préfère garder l'anonymat. « Les familles les plus aisées ont tendance à ne plus du tout faire confiance au système. » Les VIP cherchent avant tout à préserver les fréquentations de leurs descendants, en se regroupant avec ceux qui leur ressemblent. « Un fils de grande famille ne vise pas forcément l'excellence d'Henri-IV. L'école est plutôt choisie pour l'entre-soi, poursuit-il. L'un des meilleurs exemples est Stanislas. C'est un lycée très bien fréquenté, avec des gens extrêmement riches, qui relèvent un peu de la gentry internationale, sans que son niveau, bien qu'honorable, ne justifie un tel engouement. »

Théoriquement, la pression immobilière croissante de ces dernières années fait office de droit d'entrée, créant une barrière invisible mais infranchissable pour le commun des mortels. Néanmoins, depuis quelque temps, cela ne suffit pas à contenter les familles des beaux quartiers, qui refusent souvent de se plier à la carte scolaire. La création, en 2008, d'Affelnet (Affectation des élèves sur le net), procédure informatisée qui répartit les entrants en seconde, était censée rétablir une certaine méritocratie. L'un des critères d'affectation compile d'ailleurs les résultats scolaires et le niveau social. « Depuis que les élèves sont classés en fonction de leurs notes et que les boursiers bénéficient de points supplémentaires, l'ouverture sociale a progressé. Par exemple, le lycée Sophie-Germain, dans le IVe arrondissement, a vu son taux de boursiers passer de 20 % à 46 % en quelques années, sans perdre son niveau », plaide Jean-Xavier Moreau, le directeur de l'EIB, également ancien directeur de cabinet des recteurs de Paris et de Versailles.

Mais, malgré Affelnet, les interventions des parents continuent. « Vous n'affectez pas un élève sans que le proviseur ne soit d'accord. C'est particulièrement vrai dans les grands lycées parisiens : les proviseurs sont un peu des barons », explique un ancien haut responsable de l'Éducation nationale qui requiert l'anonymat sur cette question sensible. Du côté des responsables d'établissement, on reconnaît que les demandes sont toujours nombreuses. « Mais aujourd'hui, la soi-disant grande marge de manœuvre des proviseurs est un mythe. Avec l'informatisation, la procédure nous a affecté cette année 358 élèves sur 360. Les places restantes sont attribuées par des commissions d'ajustement », assure Isabelle Bourhis, proviseure au lycée Montaigne. Toutefois, rien n'empêche un directeur de gonfler, ne serait-ce qu'à la marge, les effectifs de ses classes, pour contenter quelques sollicitations de parents influents difficiles à retoquer.

Proviseure du lycée Pasteur, à Neuilly, en poste depuis un peu plus de deux ans, Monique Aquilina tente de faire front face aux manœuvres des parents. « On vérifie certaines adresses par le nombre de mètres carrés, mais des familles réussissent quand même, puisque en cours d'année, des lettres nous reviennent sans arrêt. » Supposé être le plus demandé de France, le lycée Pasteur a longtemps été réputé pour accorder une oreille bienveillante aux demandes des puissants. « Moi, je ne me laisse pas faire », affirme-t-elle. « L'année dernière, pour l'entrée en prépa, j'ai eu trois coups de fils dont un du Conseil constitutionnel. Je ne les ai pas pris. » Difficile pourtant de ne pas décrocher son téléphone lorsqu'il émane de sa hiérarchie. Certains passent par les cabinets du recteur et du ministère, d'autres par le rectorat ou l'inspection académique. « Mais, quand les supérieurs savent que les proviseurs vont dire non, ils n'abusent pas. C'est toujours fait avec parcimonie », assure-t-elle.

Avec l'instauration d'Affelnet pour le lycée, le curseur s'est déplacé vers le collège. À Paris, les dérogations ont augmenté sensiblement depuis 2007, année où Nicolas Sarkozy a assoupli leurs conditions. Sur les quelque 15 000 élèves qui entrent en sixième chaque année, selon le ministère de l'Éducation nationale, le rectorat parisien reçoit environ 4 000 à 4 500 demandes, soit un tiers des effectifs. « Sur ces demandes, le taux de satisfaction est relativement faible, de 25 % à 30 % chaque année », tempère Jean-Xavier Moreau, ancien directeur de cabinet du recteur de Paris. « Donc en définitive, sur les 15 000 élèves, 1 000 se voient accorder une dérogation, soit 7 % à 8 %. » Autant dire qu'une parfaite maîtrise du fonctionnement scolaire et un réseau conséquent sont des armes efficaces pour tirer son épingle du jeu et faire partie de ces quelques pour-cent.

Petits passe-droits entre amis

Pour ceux qui n'ont pas obtenu gain de cause, reste une dernière solution, le passe-droit. « On ne peut pas dire que ces demandes ne sont pas prises en compte », confie l'ancien membre de cabinet à l'Éducation nationale. « Ce système de piston est ancien, ancré dans les mœurs et il perdure. La répartition est suffisamment cadrée pour que ces pistons restent à la marge mais il reste un peu de jeu qui rend cela possible. »

Un moyen qui suppose d'avoir dans sa manche des amis bien placés pour faire jouer ses relations. Députés, sénateurs, ministres ou anciens ministres, maires, bref, politiques de tous bords, mais aussi journalistes demandent des faveurs, que ce soit directement pour leurs enfants ou pour ceux de leur carnet d'adresses. En général les puissants capitaines d'industrie qui ont peu de contacts avec l'administration... À l'académie de Paris, environ 500 personnes s'y risquent encore chaque année.

Pour avoir une chance d'arriver à ses fins, il faut être passé par les voies classiques de dérogation et avoir effectué sans succès toutes les démarches nécessaires. Puis tenir un discours argumenté et rodé : proximité du lieu de travail, présence des frères et sœurs dans tel établissement visé, niveau scolaire exceptionnel de l'élève... Afin de préserver les apparences. Inutile de tenter d'inscrire un enfant dans une école trop difficile pour lui. Ni d'avoir une place dans un lieu où la liste d'attente est déjà pleine à craquer. Mais le meilleur argument reste un rappel, sans en avoir l'air, des liens que l'on entretient avec celui auprès duquel on sollicite les faveurs.

Appels ou lettres, les méthodes varient. Quelques personnes interpellent directement le recteur. La plupart du temps, les demandes d'intervention des VIP sont adressées au cabinet du ministère de l'Éducation nationale, qui est celui qui, dans l'absolu, donne le plus satisfaction. Plus rares, les coups de fil à Matignon ou à l'Élysée sont aussi les plus efficaces. Toutes les interventions convergent ensuite vers le recteur, chargé d'affecter les élèves. Rien n'interdit au responsable de demeurer incorruptible, en refusant de faire suite à ces multiples sollicitations.

« Mais cela risquerait d'être coûteux pour la suite de sa carrière », estime la même source. « Je n'ai jamais connu de recteur qui refusait systématiquement. Comme c'est du trafic d'influence, à chaque échelon on se garde une marge de manœuvre personnelle pour retirer un bénéfice direct et se créer des obligés. Parce que si quelqu'un de vraiment très important vous fait une demande pour son enfant et que vous lui accordez satisfaction, il vous sera très reconnaissant. Bien plus que pour n'importe quel service professionnel. Ce qui est sûr, c'est que si l'Élysée ou ses services demandent quelque chose, ils l'obtiennent. Ce pouvoir d'ajustement est indispensable pour les situations les plus compliquées. Mais c'est vrai qu'il sert aussi pour faire plaisir aux puissants. »

« Pouvoir d'ajustement », « huile dans le système », « compensation d'un système aveugle »... Les expressions varient pour minimiser les pistons. La forte mobilité des Parisiens apporte des marges de manœuvre. Ceux qui comptent peuvent bénéficier des places libérées. Aidés aussi par la « bonne volonté » de certains proviseurs, qui acceptent de prendre quelques élèves en plus dans leurs classes, à la tête du client. Au final, sur les 500 demandes, environ 50 à 100 enfants de personnalités en vue obtiendraient le lycée de leurs rêves.

2

Au cœur de l'entre-soi scolaire

Quand nous le rencontrons à l'automne 2014, Daniel Chapellier, le proviseur de Stanislas, oscille entre méfiance et irrépressible envie de montrer ses performances. « Moi, j'ai ma façon de faire, je n'aime pas trop qu'on vienne mettre le nez dans mes affaires », prévient-il, avant de vanter les mérites de son établissement. L'homme dirige d'une main de fer le personnel et les 3 400 élèves de cette cité scolaire qui va de la maternelle aux classes préparatoires. Sous le porche, à l'entrée, un poste de télévision fait défiler des images fixes de prêtres et d'eucharistie. Situé en plein VIe arrondissement, Stanislas dénote. Parmi les établissements les plus demandés de France, il défend un mode d'enseignement plutôt associé aux valeurs des quartiers chics de la rive droite.

D'un côté, les quartiers huppés d'Auteuil-Neuilly-Passy et leurs valeurs traditionnelles, mâtinées de bling-bling dans le VIIIe arrondissement, de l'autre la montagne Sainte-Geneviève et le VIe arrondissement, avec leurs penchants pour une éducation intellectuelle plus libertaire. Depuis quelques années, les mondes tendent à davantage se ressembler et les frontières qui les séparaient jusqu'à peu deviennent plus poreuses. Mais ils conservent certaines caractéristiques propres en matière d'éducation.

« Un taux de pression fantastique »

L'intelligentsia parisienne donne ses faveurs à la rive gauche. « À Paris, la montagne Sainte-Geneviève est particulièrement prisée dans les stratégies des familles », décrit le haut responsable de l'Éducation nationale. « Elle commande des stratégies de logement pour placer les enfants dans les lycées établis de cette zone. Certains lycées y subissent un taux de pression fantastique. » Les plus convoités de la capitale, Henri-IV et Louis-le-Grand, sont évidemment prisés par les enfants des grandes familles.

Mais la politique en faveur de la diversité menée depuis plusieurs années par le proviseur d'Henri-IV, Patrick Corre, atténue fortement son emplacement privilégié. Avec un recrutement fondé sur la méritocratie, et grâce à un régime dérogatoire, il accueille les meilleurs élèves de l'ensemble des 110 collèges parisiens. Ce qui le préserve en partie de la pression des puissants. Suivant les années, entre 30 % et 45 % des élèves issus du collège – donc du quartier – passent la porte du lycée s'ils ont le niveau scolaire adéquat. À condition de présenter des résultats scolaires convaincants, quelques « fils et filles de », comme Clémentine Aubry, la fille de la maire de Lille, Martine Aubry, ou plusieurs des enfants Kouchner, ont pu intégrer les deux prestigieuses institutions. Résultat, les dynasties se rabattent sur les établissements environnants, principalement Montaigne et Fénelon pour le public et l'École alsacienne pour le privé.

Cité scolaire particulièrement symptomatique de la prévalence de l'entre-soi sur l'excellence académique, Montaigne abrite les enfants issus de milieux socioprofessionnels haut de gamme. Le niveau scolaire, bien que très correct, ne justifie pas l'engouement provoqué par l'établissement. « Toute l'année, nous avons des courriers de demandes d'admission. Le collège, qui recrute très majoritairement dans le VIe arrondissement, est très favorisé, et obtient des résultats au-dessus de ceux de l'académie », décrit Isabelle Bourhis, sa proviseure. « Au lycée, on retrouve un public largement favorisé, avec, depuis quelques années, davantage de mixité scolaire et surtout sociale. Maintenant, je ne dis pas qu'il ne faut pas que ça progresse encore... »

En fait de public, on y trouve une concentration bien plus forte qu'ailleurs de fils d'éditeurs, de psychiatres, d'artistes, de journalistes, de publicitaires, de professionnels de l'industrie cinématographique, et aussi à la marge d'hommes politiques. Parmi les enfants de personnalités, Nathanaël Karmitz, fils de Marin Karmitz, dont il a pris la succession à la tête des cinémas MK2, et de Caroline Eliacheff, mais aussi le réalisateur Alexandre Aja, fils d'Alexandre Aracady, le journaliste de Mediapart Michaël Hajdenberg, fils d'Henri, l'ancien président du CRIF, ainsi que les fils de l'écrivain Erik Orsenna ou de René Frydman, le père du bébé-éprouvette, du psychanalyste Daniel Sibony, de la productrice Fabienne Servan-Schreiber ou encore du réalisateur chilien Cristobal Arteaga. Certains profs à la famille médiatique, comme la femme d'Alain Duhamel, un temps professeure de musique, ont aussi enseigné dans l'établissement.

Ces parents issus de l'intelligentsia française imprègnent l'établissement d'une patine culturelle sans équivalent et d'une ouverture d'esprit marquée. Professeure de philosophie au lycée après avoir passé une grande partie de sa carrière en Seine-Saint-Denis, Carole Diamant ne cache pas le contraste entre les deux mondes qu'elle a côtoyés. « Dans les fiches de renseignements, on retrouve une foule de psychanalystes. Et l'une de mes classes contient au moins cinq parents musiciens. Ce matin, je faisais un cours sur Freud et l'inconscient, et un élève m'a interpellée pour savoir si le nom d'emprunt de son premier cas clinique, Anna O., avait un rapport avec le nom de sa fille, elle aussi prénommée Anna. Après la pause, il est revenu avec la réponse : pour l'obtenir, il avait téléphoné à ses parents, tous deux psychothérapeutes. Je reconnais que ça ne m'arrivait pas en banlieue. » Les enfants de cette intelligentsia se socialisent aussi politiquement au sein de l'établissement. Avec un taux de participation élevé aux grèves, les lycéens de Montaigne rejouent régulièrement un mini-Mai 68, souvent considéré comme un rite initiatique par leurs parents. À l'image de ceux du film de Cédric Klapisch, *Le Péril jeune*, qui a été tourné dans les locaux du lycée.

« Une dizaine de familles sont là depuis un siècle »

Sur la rive droite, place aux traditions. De l'autre côté de la Seine, les écoles situées dans des cocons privilégiés sont nombreuses : Janson-de-Sailly, dans le XVIe arrondissement, ou Pasteur, à Neuilly, pour le public. Côté privé, les institutions catholiques telles Franklin, Notre-Dame-des-Oiseaux, l'Institut de la Tour, Saint-Jean-de-Passy ou Gerson sont dans la ligne de mire des dynasties. À Paris, 1 161 465 élèves étaient inscrits dans des collèges et des lycées privés à la rentrée 2013, soit un peu plus de 21 % du total des élèves scolarisés, selon le ministère de l'Éducation nationale. Et la pression aux portes des établissements s'accroît. D'après les chiffres du secrétariat général de l'enseignement catholique, 30 000 à 40 000 demandes d'inscription ne peuvent toujours pas être satisfaites. Hormis les institutions sous contrat, c'est-à-dire répondant à des normes fixées par l'État, les écoles hors contrat, qui gardent une plus grande liberté, attirent de plus en plus les familles les plus aisées.

« Les grandes familles catholiques parisiennes ont une identité culturelle très forte », considère l'ancien membre des cabinets ministériels, toujours en off. « Le choix de l'établissement ne se fait pas sur des critères exclusivement scolaires mais aussi de fréquentation, avec des gens qui partagent la même vision du monde, des valeurs et des bonnes manières communes. » Pour trouver leur bonheur, elles sont en quête d'une éducation classique. Rigueur, discipline, travail, tenue adéquate sont autant de signes distinctifs de ces méthodes pédagogiques. Le fonctionnement « à l'ancienne » séduit sans surprise les dynasties ancestrales, adeptes d'un conservatisme rassurant.

Nichée au numéro 72 de la rue Raynouard, dans le XVIe arrondissement, à Paris, la cité scolaire Saint-Jean-de-Passy accueille 2 800 élèves de la maternelle aux classes prépas. Derrière la discrète façade de l'immeuble en pierre de taille blanchie, on ne fait pas mystère de l'importance accordée aux familles. « Nous sommes un établissement très familial, dans lequel les fratries ont une place réelle », assure Marie-Odile Idrac, directrice. Et les grandes lignées sont vues d'un œil bienveillant. Parmi les nombreux postulants du XVIe ou XVIIe arrondissement, voire de Boulogne, les frères et les sœurs sont prioritaires pour intégrer l'école, tout comme les enfants d'anciens. « Comme il y a beaucoup de demandes, une lettre de motivation est requise pour expliquer pourquoi le choix s'est porté sur Saint-Jean-de-Passy. Et là, l'appartenance à une histoire avec l'établissement, la continuité familiale comptent beaucoup », reconnaît la chef d'établissement. Une cooptation qui entraîne une reproduction sociale croissante. Des dynasties entières se sont succédé sur les bancs de l'école. Christophe Lasserre-Ventura (petit-fils de Lino), Jérôme Fouqueray (DG de W9), Yannick Bolloré (P-DG d'Havas), le réalisateur Régis Wargnier, Patrice Caine (P-DG de Thalès), Henri Giscard d'Estaing, Sylvain de Forges (AG2R La mondiale), Olivier Courtin-Clarins (directeur général de Clarins), Nicolas Hulot, et l'ancien vice-président de l'UMP, Brice Hortefeux, font partie des anciens.

À observer la retenue de la directrice, on comprend vite que la discrétion est de mise pour préserver les grands noms qui ont arpenté les couloirs de l'école. « Les familles sont très fidèles. Ce sont des pères qui ont créé cette école au début du XXe siècle », explique-t-elle pudiquement. « Ceux qui y envoient leurs enfants sont des gens du quartier qui y ont souvent suivi leur scolarité eux-mêmes. L'association des anciens est très efficace. » Autre critère de sélection, « l'adhésion au projet éducatif ». « Toutes les personnes qui souhaitent s'inscrire sont reçues. On sent qu'il y a un enjeu fort pour ces familles autour de cet entretien, note la directrice. En écoutant les parents, nous ressentons très vite si l'enfant pourra réussir et s'épanouir chez nous. »

C'est que la forte identité des lieux est faite de principes non négociables. « Le suivi très attentif des élèves sur le plan éducatif et spirituel est au cœur de notre pédagogie : nous veillons à maintenir un cadre fort autour de ces deux dimensions », ajoute-t-elle. « À travers l'attention que nous portons à l'élève, nous avons pour mission de le faire grandir. » Une attention de tous les instants pour forger une attitude conforme aux gens bien nés, qui se manifeste aussi bien à travers un contrôle scolaire que du comportement. Hormis une surveillance minutieuse du travail fourni par l'élève, plusieurs règles de vie aux accents surannés jalonnent « ce chemin vers la réussite ». Comme celle du retour de la non-mixité au collège. Pendant quatre ans, filles et garçons sont séparés « pour une ambiance plus sereine et plus apaisée ». Chaque niveau scolaire est supervisé par un préfet, qui assure l'organisation de la vie quotidienne. Si aucun uniforme n'est requis, les écoliers sont tout de même tenus de porter une blouse. Pour les autres, l'apparence doit être « adaptée aux circonstances de la vie ». « On ne s'habille pas comme pour aller à la plage », résume Marie-Odile Idrac. Une tenue de cérémonie est aussi prévue pour les grands événements, jupe et chemisier pour « ces demoiselles », pantalon et veste pour « ces messieurs ».

De l'autre côté de la Seine, retour à Stanislas, tout aussi prisé par les dynasties. Dans un long couloir au rez-de-chaussée sont placardées, année par année jusqu'en 1961, les photos des anciens élèves ayant réalisé les meilleures compositions. Du psychanalyste Jacques Lacan, en 1915, au portrait d'un certain Georges Frêche, l'ancien maire de Montpellier, en 1958, beaucoup de visages d'adolescents ont des airs familiers. « Le *Who's Who* contient au moins 300 à 400 anciens de Stan », confirme laconiquement Nicolas Lecervoisier, documentaliste et mémoire du collège.

Avec d'illustres anciens comme Charles de Gaulle en 1903, l'établissement, vieux de deux cents ans, revendique un long passé. Depuis 1945, il accueille les aristocrates argentés, familles industrielles ou lignées politiques à foison. Comme les Michelin, les Broglie, les Noailles, les Luynes, des lignées entières y ont suivi leur scolarité. Il n'y a qu'à entrer dans le bureau du proviseur pour comprendre le poids historique de l'endroit. Dans un décor d'un autre temps, Daniel Chapellier, à l'allure aussi martiale que soignée, explique : « Beaucoup d'anciens ont leurs enfants ici. Nous encourageons les fratries grâce à des tarifs avantageux. Au moins une dizaine de familles sont là depuis un siècle. »

Des ribambelles d'ecclésiastiques, de sénateurs, de députés, de ministres, d'ambassadeurs, de militaires, d'académiciens, de romanciers comptent parmi les anciens de ce lycée historique. Même si d'Alain Soral à Édouard Baer, de François Baroin à Henri de Castries, de François Cluzet à Olivier Adam, du professeur Christian Cabrol à Emmanuel Chain, les personnalités de premier plan qui s'y sont retrouvées évoluent aujourd'hui dans des univers très différents. Au point que sa réputation dépasse les frontières. « Cette année, des Coréens sont venus visiter l'établissement », s'amuse Nicolas Lecervoisier. Et les parents se battent pour y faire entrer leurs enfants. « Le 20 octobre, nous sommes déjà complets pour l'année suivante », assure le directeur. Le secret du succès ? Une fois encore, une éducation traditionnelle et conservatrice. « Nous ne sommes pas consensuels, ni à la mode. Ici, on apprend. Une chose que les autres établissements ne font plus du tout, avec les résultats calamiteux que l'on sait », assène le proviseur. La religion est au programme dans toutes les classes et, dans l'établissement, c'est tenue correcte exigée : pour les filles, pas de maquillage ni de jupe inadaptée – « une jupe, c'est comme un sermon, elle ne doit être ni trop longue ni trop courte » – et pour les garçons, pas de cheveux longs ni de baskets.

« Comme dans une bulle »

Sa voisine l'École alsacienne, dont il est séparé par quelques centaines de mètres à peine dans la rue Notre-Dame-des-Champs, pratique une pédagogie diamétralement opposée. Sur l'hectare où s'étend l'hôtel particulier acheté en 1970, l'École, fondée en 1881 à la suite de la défaite française contre l'Allemagne, s'est construite sur une volonté de rupture avec le modèle éducatif d'alors. Portée par des valeurs laïques et républicaines, elle place l'innovation pédagogique au cœur du processus. « Sans être forcément précurseurs, puisque plusieurs idées que nous avons tentées n'ont pas été reprises par la suite, nous avons toujours été un établissement expérimental », affirme Pierre de Panafieu, son directeur. Avant les autres, l'Alsacienne a mis en place la seconde indifférenciée, l'initiation au chinois dès 1980, les cours d'anglais dès le CP, le premier cours d'EPS, l'ouverture après la fin des cours. Sa devise, en latin ? *Ad nova tendere sueta,* qui signifie « Toujours tendre vers la nouveauté ». « Ce qui compte avant tout, c'est l'enseignement des humanités : une philosophie proche de celle de Sciences Po qui a été créé à la même période », considère Arnaud*, qui a quitté l'Alsacienne il y a sept ans. Autre ancien élève qui y a inscrit ses enfants, David* se félicite de cet enseignement à part. « Au départ, on ne comprend pas forcément où ils veulent en venir. Pour apprendre à écrire à ma fille, on l'a par exemple entraînée à tenir son stylo par le biais de la couture, qui enseigne la précision, la concentration nécessaires à l'écriture ! »

Mais « si on ne regarde que la performance académique, on limite le champ de cette connaissance », estime Pierre de Panafieu. Depuis toujours, l'Alsacienne mise sur l'extrascolaire. « L'ouverture sur le monde est fantastique », se réjouit encore Arnaud. Si le cours de théâtre et le groupe de rock restent les activités historiques les plus symboliques (l'un des membres du groupe de rock BB Brunes et la chanteuse Joyce Jonathan en sont issus), la photo, le cinéma, le yoga, l'écriture imaginaire, la musique de chambre, le tennis font partie des multiples activités proposées. Visites privées à l'Opéra-Comique, à l'Élysée, à Matignon… Les parents haut placés ouvrent à leurs chères têtes blondes les portes d'endroits hors du commun. Traditionnels aussi, les voyages annuels dès les petites sections. L'Alsace en sixième, puis Florence en seconde sont des destinations incontournables. Mais le plus emblématique reste le voyage à Rome, en cinquième. « Nous avons joué deux pièces de théâtre dans le forum et fait un concert de flûte au sein des vestiges d'Osti », se rappelle David. « Je ne crois pas que ce soit courant ailleurs. » Au cœur du processus, l'épanouissement des enfants, petits princes cocoonés comme nulle part ailleurs.

Une cage dorée que reconnaît et revendique Pierre de Panafieu : « Ici, tous les bâtiments sont tournés vers l'intérieur et donnent sur la cour. Les fondateurs ont eu la possibilité de racheter la parcelle où se trouve le lycée Montaigne aujourd'hui, mais il y avait une façade trop grande sur l'extérieur, qui pouvait distraire les élèves. Ils n'ont pas voulu. Ici, vous êtes dans un endroit protégé, comme en repli du monde. »

Cette protection séduit depuis toujours les grandes familles des milieux culturels et intellectuels. La liste des anciens donne le tournis. Clarisse Labro, fille de Philippe, Gaël et Sara, les enfants d'Anny Duperey et Bernard Giraudeau, Yacha Kurys, fils de Diane Kurys et Alexandre Arcady, les jumelles des Flammarion, les enfants de Denis Olivennes, de Simone Veil ou de Wolinski, ont tour à tour planché sur les pupitres de l'Alsacienne. Le caractère privé de l'école ne semble pas froisser le patriotisme des hommes politiques, y compris ceux de gauche. Preuve en est la présence à différentes époques des enfants de Martine Aubry, Élisabeth Guigou, Arnaud Montebourg, Alain Juppé, Michel Barnier, Claude Cheysson et Louis Schweitzer et, paradoxe extrême, de Vincent Peillon, quelques années avant qu'il ne devienne ministre de l'Éducation nationale.

Plus récemment, les dynasties industrielles et du show-biz sont venues étoffer les rangs, apportant dans leur sillon un peu de bling-bling jusqu'alors soi-disant méprisé par leurs prédécesseurs. Après les enfants de Franck Riboud, de Sophie de Menthon et de Thierry Breton, qui avaient ouvert la voie il y a un peu plus de dix ans, la famille Pinault y a inscrit ses enfants. Côté show-biz, les enfants de Chiara Mastroianni, Louis Bertignac, Isabelle Adjani et une certaine Izïa Higelin, fille de Jacques, ont fait partie des effectifs.

La prolifération des « fils et filles de » entraîne des égards bien particuliers. L'institution fait preuve d'une vigilance accrue pour protéger les petites têtes blondes. « Nous étions briefés par la surveillante générale sur les risques de kidnappings d'enfants de familles en vue », se souvient une ancienne pionne, chargée de superviser la pause déjeuner. « À l'époque, Action directe était toujours plus ou moins actif. Nous avions pour consigne de toujours nous déplacer en groupe. » Plus de trente ans après, le souvenir du rapt du petit Éric Peugeot, enlevé dans un parc pour enfants du golf de Saint-Cloud, reste vivace... Chaque midi sur le trajet vers le jardin du Luxembourg, les enfants sont surveillés de près. « Toutes les classes de CM2 partaient et restaient ensemble. Si des gens s'approchaient du groupe, il fallait être très vigilant », poursuit-elle. « On jouait dans un endroit très précis du Luxembourg. Un périmètre délimité, où il fallait avoir tous les enfants sous les yeux en permanence. »

Master class et avant-premières

Hormis cette attention de tous les instants, les écoles prisées par les VIP bénéficient d'un traitement à part. Locaux réservés pour les activités extrascolaires, matériel de pointe : les infrastructures sont à la hauteur de leur public. À l'école Jeannine-Manuel, chaque salle de classe est équipée d'un Mac, d'un iPad et d'un écran interactif. « Il y en a cinq dans la salle des profs et tous les élèves ont accès à un Mac. On est connectés en permanence », raconte une ancienne enseignante. « Si on parle d'une chanson, on peut montrer le clip dans l'instant qui suit. Un grand théâtre est à la disposition des profs. Le bâtiment dédié aux sciences, géré par de nombreuses assistantes de labo, est particulièrement performant. » Il n'en faut pas moins pour contenter les enfants de ceux qui mènent la France, qu'ils appartiennent au monde économique, politique ou artistique.

Les conférenciers, parents ou anciens eux-mêmes, sont quant à eux directement issus du *Bottin mondain*. À Montaigne, les tables rondes d'orientation fourmillent de psychanalystes et de journalistes connus. Sans être des anciens, les écrivains David Foenkinos, Adrien Bosc et Pauline Dreyfus, figures de la rentrée littéraire 2014, sont venus tous les trois parler de leurs romans quelques semaines après leur sortie. Père d'élève, Jean-François Copé ne rate aucun des forums de l'emploi organisés par Jeannine-Manuel.

À l'École alsacienne, le club cinéma a pu bénéficier de master class délivrées par de célèbres parents d'élèves, Isabelle Huppert en tête. Les semaines du cinéma ont été agrémentées de la présence de Zabou Breitman, dont la fille Anna Chalon, désormais chanteuse de son état, était élève. Mais aussi de l'acteur Christophe Malavoy, des réalisateurs Jacques Perrin ou Benoît Jacquot ou du chef opérateur franco-iranien, Darius Khondji. Chez les Seydoux, Juliette, la cousine de Léa, s'est assise sur les bancs de l'école. Sa famille envoie régulièrement, en avant-première, des films qu'elle distribue. Chaque année, le salon du livre reçoit de prestigieux invités, parmi lesquels Jean d'Ormesson, Élisabeth et Robert Badinter, Michel Rocard, Tatiana de Rosnay, Colombe Schneck, Catherine Dolto. Directeur musical de l'orchestre de Cincinnati et du Mostly Mozart Festival de New York, Louis Langrée a dirigé lui-même le concert célébrant les dix ans du club de musique de chambre où jouait son enfant. Côté industrie, Axel Dumas, gérant d'Hermès International, est venu assurer une conférence sur les crocodiles qui décorent ses sacs à main aux élèves de la classe de son fils.

D'autres interventions sont moins heureuses. Tout le monde ne semble pas adopter un profil bas, comme Victoria Abril et Charlotte Gainsbourg, anciennes mères d'élèves de Jeannine-Manuel réputées particulièrement discrètes. Lorsqu'il était encore collégien à Jeannine-Manuel, le jeune Arnaud Lagardère a voulu changer en cours d'année de professeur de mathématiques pour incompatibilité d'humeur : sa demande a été prise en compte. Très généreux, son père venait de subventionner à grands frais la rénovation du théâtre. Et d'offrir au personnel de ravissants paniers repas, garnis de champagne et de foie gras.

Chinois obligatoire

Les puissants parents n'ont certes pas tous les mêmes méthodes pour préparer au mieux leurs enfants à reprendre les rênes du pouvoir. Mais tous sont portés par une même certitude : l'avenir est à l'international. « Les grandes familles ont décrété que ce qui compte est de former leurs enfants à la mondialisation et que l'urgence est un niveau d'anglais parfait », assène un ancien proche du ministère de l'Éducation. « Dans mon métier, je parle anglais 80 % du temps. Dans le système public, on l'apprend assez tard et pas très bien », confirme Mathilde*, dont le fils a intégré Jeannine-Manuel.

Résultat, depuis quelques années, les institutions privées intensifient l'apprentissage des langues dès le plus jeune âge. Au sein de la Bilingual Montessori School of Paris, une institutrice anglophone accompagne en permanence la maîtresse francophone, afin d'élever les petits héritiers au lait du bilinguisme. À l'école Jeannine-Manuel, qui réfléchit selon son site Internet « depuis sa création, [...] aux mécanismes de l'apprentissage d'une langue étrangère chez les jeunes enfants », on s'enorgueillit que « les résultats obtenus année après année montrent une efficacité que beaucoup nous envient ».

Et pour cause : on y apprend l'anglais avant même se savoir lire dans les classes EFL (*English as a Foreign Langage*), voire les EMT (*English Mother Tongue*). Inventée par l'établissement lui-même, la méthode Knock Knock, qui repose notamment sur de courts programmes vidéo et audio, est le support principal pour immerger les enfants dans la langue. Objectif : assimiler parfaitement l'anglais, pour pouvoir « l'utiliser comme outil de travail » à partir du CM2. C'est à ce stade que ces écoliers favorisés entrent dans des classes à parité horaire français/anglais. Les mathématiques, l'histoire et la géographie sont enseignées dans les deux langues. Loin de leurs petits camarades du public, qui, avec cinquante-quatre heures en primaire, soit à peine 6 % du temps scolaire, pourront difficilement rattraper cette longueur d'avance.

L'anglais n'est pas la seule langue enseignée. Alors que l'apprentissage d'une langue vivante n'a été officiellement introduit au primaire dans le public qu'en 2002, à Jeannine-Manuel, le Chinois, enseigné depuis 2004, est obligatoire, à raison d'une demi-heure par jour... dès le CE2 ! Un rythme d'apprentissage effréné qui continue dans le secondaire. « À partir de la sixième, l'histoire, la géographie, les sciences physiques, les sciences naturelles étaient enseignées en anglais », se souvient Laure*, ancienne élève. « On commençait la deuxième langue en sixième et éventuellement une troisième langue en classe de troisième. À la fin du collège, j'avais déjà fait de l'anglais, de l'espagnol et de l'italien. »

À l'École alsacienne, l'anglais a beau n'être enseigné « qu'à partir » du CP, et le chinois délivré sous forme d'initiation en primaire, les langues occupent une place tout aussi importante. « L'école a décidé depuis très longtemps que l'anglais n'était pas une langue vivante, mais une obligation, un prérequis, comme de savoir lire, écrire, compter », se souvient Françoise*, mère de deux anciens élèves. Rien d'étonnant à ce que la puissante commission des langues, tenue par les parents, qui militait pour un cours d'anglais bilingue depuis des années, ait obtenu gain de cause il y a une petite décennie. Les nombreux bilingues anglophones peuvent désormais suivre un cours spécifique de la sixième à la terminale. Sans compter les multiples autres langues proposées. « Au cours de sa scolarité, l'un de mes fils a fait de l'anglais, de l'allemand, du chinois et de l'espagnol ! », raconte encore Françoise.

Être bilingue est donc devenu une condition nécessaire, mais pas suffisante pour autant. Directeur de l'EIB, Jean-Xavier Moreau ne veut pas se contenter d'apprendre à ses élèves la maîtrise des langues étrangères. « À l'origine, on venait à l'école pour apprendre l'anglais. Aujourd'hui, nous voulons être ouverts sur le monde, que nos élèves puissent acquérir cette culture internationale et cette ouverture d'esprit. Si les parents veulent donner à leurs enfants toutes les chances d'être parfaitement bilingues, c'est pour qu'ils puissent faire des études à l'étranger et, plus généralement, bouger à travers le monde. »

À l'heure où l'élite est internationale, pour se sentir comme un poisson dans l'eau dans le grand bain des affaires, mieux vaut avoir côtoyé dès les bancs de l'école ses futurs homologues. Le directeur de l'EIB reconnaît que la composition de ses classes n'a plus rien à voir avec celles d'autrefois. « Le cosmopolitisme est un effet direct de la mondialisation. Avec l'accroissement de la mobilité, un élève sur trois part chaque année à l'étranger dans notre structure anglophone et un sur six dans notre structure francophone. La part des demandes d'inscription de parents d'élèves internationaux ou d'enfants bilingues est bien plus importante. On accueille un public plus international qu'il y a cinq ou dix ans. » Pour preuve, la mise en place d'une structure anglophone, qui rassemble pas moins de soixante-dix nationalités différentes. La structure francophone n'a pas grand-chose à lui envier, puisqu'elle regroupe tout de même quarante nationalités différentes. Dans ces classes mixtes, pas de problème d'intégration. Enfants de diplomates, d'ambassadeurs, de patrons de grandes entreprises n'ont aucun mal à se fondre dans le quotidien de leurs petits homologues français.

Expatriation après le bac

Pour répondre à la demande des parents et attirer un public international, les écoles font des pieds et des mains. Rien n'est trop beau pour contenter les lignées comme celles de Dassault, Schlumberger ou Bouygues, pleinement conscientes des enjeux internationaux et désireuses de les transmettre à leurs enfants. Père de deux enfants à l'École alsacienne et lui-même ancien élève, David le reconnaît. « En termes de milieu social, c'est à la fois très très privilégié, et encore plus cosmopolite qu'à mon époque. Avoir une dimension internationale dans son parcours est l'une des principales façons d'intégrer l'école. »

Au final, tout est fait pour permettre aux enfants des VIP de passer des bacs internationaux, qui leur ouvriront la voie vers les plus prestigieux établissements de la planète. « Longtemps, l'objectif du bac donnait le quitus de la bonne préparation », analyse Pierre de Panafieu, directeur de l'Alsacienne. « Avec la massification de l'enseignement, ce n'est qu'un diplôme de fin d'études. » Depuis que le bac est accessible à tous, il faut bien mettre en place de nouvelles stratégies pour se distinguer du commun des mortels. « Un établissement secondaire aujourd'hui se mesure à la qualité de sa préparation à l'enseignement supérieur », estime Pierre de Panafieu. « Et les études supérieures se sont mondialisées. C'est tout l'enjeu. Les grandes universités du classement de Shanghai ne nous connaissent pas. Donc il faut envoyer des anciens élèves, qui font la promotion de l'établissement à l'étranger. 20 % de nos effectifs partent étudier à l'étranger après le bac. » Même les établissements publics renommés sont aujourd'hui touchés par le phénomène. « Un quart des élèves environ, en filière économique et sociale surtout », précise Monique Aquilina, proviseure du lycée Pasteur. « On peut le constater, grâce au nombre de démissions sur APB (système d'admission postbac en ligne). Beaucoup vont aux États-Unis, en Angleterre, et un peu au Canada. »

Mondialisées avant tout le monde, les grandes familles n'attendent même plus la fin des études secondaires pour expatrier leurs enfants. Certains membres de la haute société envoient leur progéniture à l'étranger dès le collège. Comme cette famille de dirigeants d'une grande entreprise française dont les enfants fréquentent à deux reprises, pendant une année au cours de leur scolarité, une institution britannique huppée. Leur père avait bénéficié de la même dérogation avant eux.

3

Ils s'amusent, ils se marient : la haute société des loisirs

Assis sur une banquette d'un café du VIIIe arrondissement parisien, Laurent de Gourcuff est en terrain connu. Le quartier est son lieu de travail, bien après la tombée de la nuit, lorsque les riches fêtards sont de sortie. La matinée ensoleillée l'éblouit, la nuit a été courte. Il commande un grand café. Rien dans son allure – jean, baskets, sweat à capuche – ne laisse deviner qu'à trente-huit ans il est devenu le premier propriétaire de boîtes de nuit en France, parmi lesquelles les plus courues par la jeunesse dorée parisienne. Les Planches en tête, qui voit défiler une clientèle tout juste majeure et BCBG, mais aussi Chez Raspoutine pour leurs frères aînés, le Madam, le Zig Zag... Une vingtaine d'établissements en tout, dont une bonne part se situe autour des Champs-Élysée, dans le prestigieux triangle d'or parisien, où les grandes familles fortunées ont élu domicile à deux pas des enseignes de luxe. Son entreprise, Noctis, créée en 2008, emploie 600 salariés. Régulièrement, il réalise de nouvelles acquisitions. Dernier projet en date : relancer Castel, le club mythique de la rue Princesse, au cœur de Saint-Germain-des-Prés. Et pourtant, lorsqu'on lui demande comment les nuits parisiennes évoluent : « C'est de plus en plus dur, lâche-t-il. Les grandes années des boîtes de nuit, je ne les ai pas connues. Dans les années 1980, un ouvrier pouvait faire la fête à côté d'une star du show-biz. Aujourd'hui, c'est fini. »

Tout a commencé à la fin des années 1990. Laurent de Gourcuff est alors lycéen, dans le XVIe arrondissement. À seize ans, il se lance dans l'organisation de soirées « pour suivre les copains dont les parents étaient mieux lotis ». Bobino, la salle Wagram, l'espace Cardin, le studio A... À l'aide de flyers et grâce au bouche à oreille, il rassemble chaque fois entre 800 et 2 000 personnes issues des quartiers cossus de l'Ouest parisien. Un des plus beaux réseaux de la capitale, une décennie avant l'avènement de Facebook. La concurrence, elle, est dépassée. « J'étais la bête noire des mamans qui organisaient des rallyes. Les parents y déposaient leurs enfants, qui sautaient ensuite dans un taxi pour venir faire la fête chez nous. On s'est toujours beaucoup ennuyés dans les rallyes », dit-il, d'un air facétieux.

Bon communicant et volontiers charmeur, l'homme se montre à l'aise, tutoie dès la première phrase, fait la bise. Il dispose désormais d'un entregent hors pair : les nuits parisiennes drainent leur lot de célébrités ou personnes influentes, et leurs progénitures, qu'il côtoie toutes les semaines. De sa voix enrouée par les nuits festives, il égrène les « tribus » qui peuplent son empire. La mode, le cinéma, les chanteurs en vue et les stars américaines, les politiques, les plus jeunes, les trentenaires... « Le Studio 79 est plus orienté clientèle de banlieue, celle du Raspoutine est beaucoup plus chic », explique-t-il. Malgré cette segmentation, certains aiment faire trois ou quatre boîtes dans la nuit. Avantage, ceux qui fréquentent ses établissements peuvent naviguer de l'un à l'autre à pied puisque quelques rues seulement les séparent. La jeunesse dorée limite les risques d'alcoolémie au volant. Et trouve son bonheur dans cet entre-soi géographique, valable aussi bien la nuit que le jour. « Il ne fait plus bon montrer qu'on a de l'argent en France », tempête l'entrepreneur. « Certains de mes clients fuient en Belgique, à Londres ou au Luxembourg. Ceux-là ne reviendront pas. »

Les rallyes, une institution aristocratique

Du côté des rallyes, summum de l'entre-soi, la fête grégaire est une tradition profondément ancrée depuis trois ou quatre générations. Institution aristocratique par excellence, ils rassemblent chaque année les rejetons des familles de la haute société dans des soirées où sages robes de bal et smokings ont progressivement laissé la place aux petites robes noires et au look dandy des garçons bien nés. Ces dernières années, la discrétion est montée d'un cran. Traditionnellement organisés par les mères de famille pour leurs filles, les rallyes étaient attachés à un nom illustre, à une dynastie qui transmettait bonnes manières, savoir-vivre et culture commune pour permettre à ses enfants de faire leurs premiers pas dans le « grand monde » et éviter les mésalliances. Les grandes familles s'affichaient : le rallye Schlumberger, Broglie-Bécheau la Fonta, Gabrielli d'Oiron... Aujourd'hui, leurs noms disparaissent au profit d'appellations beaucoup plus neutres. Aux pierres précieuses d'hier (rallyes Émeraude, Corail, Opale, Jade) ont succédé les noms d'oiseaux – mais toujours polis – (Pélican, Cormoran) et les châteaux de la Loire ou de Normandie. Les rallyes Chantilly, Carrouges, Cheverny et Valençay sont actifs, après leurs prédécesseurs, les rallyes Chambord, Chenonceau ou Amboise. Il ne fait pas bon étaler son argent quand le pays est en proie à une crise économique sévère depuis 2008. Mais, surtout, l'aristocratie elle-même est un peu moins argentée qu'hier. « Les grandes familles ont organisé des fêtes fastueuses quand tout allait bien. Aujourd'hui, elles font plus attention », constate Guillaume Eloy, directeur de Spear'Hit, une entreprise qui assure la sonorisation de soirées depuis plus de dix ans. « Au milieu des années 2000, on tournait encore à trois rallyes par semaine. J'ai vu des fêtes à plus de 4 000 personnes. Aujourd'hui, à plus de 1 000, c'est exceptionnel. »

Si les noms ont changé, c'est aussi que les rallyes eux-mêmes ne sont plus tout à fait comme avant. Véritable instance de socialisation de l'aristocratie et de la haute bourgeoisie, « on y apprend à reconnaître ses semblables », explique la sociologue

Monique Pinçon-Charlot, auteure, avec Michel Pinçon, d'une somme détaillée et considérable d'études sur le gotha [1]. Désormais, il s'agit moins de trouver un conjoint que de se constituer un carnet d'adresses hors pair. « Ma fille n'aimait pas trop l'ambiance des rallyes, elle y allait très peu. Puis elle est rentrée à HEC. Un jour elle m'appelle en me disant qu'elle est ravie car elle y a retrouvé un tas de personnes qu'elle avait croisées dans les rares soirées où elle s'était rendue. Elle était comme un poisson dans l'eau, ça m'a rassurée », raconte une maman. Ce précieux carnet d'adresses, les « fils et filles de » le garnissent au fil des soirées. Il sera leur sésame pour le futur, un facilitateur de premier choix pour se maintenir au même rang que leurs parents.

On croise dans les rallyes tout ce que le gotha compte d'enfants nés de parents influents, au passé plus ou moins illustre. Les nouveaux riches y ont fait leur place. Les rallyes aiment dire qu'ils se sont ouverts. Mais habiter les beaux quartiers est absolument indispensable. La grande bourgeoisie industrielle, avide de fréquenter la haute société et d'en apprendre les codes, a été accueillie. En la matière, comme souvent, nécessité a fait loi. « Les rallyes ont été obligés d'élargir leur recrutement, car les moyens financiers de l'aristocratie ne sont plus les mêmes », constate Guillaume Eloy. « La particule n'est plus nécessaire, les rallyes ont besoin des nouveaux riches. D'ailleurs, les plus impressionnants sont organisés par des industriels fortunés. » Les grandes familles aristocratiques (Rambuteau, Denfert-Rochereau, Clermont-Tonnerre, Menthon, Gouvion Saint-Cyr) ont dû apprendre à côtoyer les rejetons des capitaines d'industrie (Bouygues, Ghosn, Bolloré, de Castries, Decaux, Wendel, Rothschild), des politiques (Sarkozy, Fillon, Villepin), ou de certains intellectuels (d'Ormesson, Rouart). « À la fin des années 1990, dans les rallyes "pierres précieuses" ont commencé à se greffer des enfants issus du monde

1 Notamment : *Les Ghettos du gotha. Comment la bourgeoisie défend ses espaces*, Paris, Seuil, 2007 ; *Sociologie de la bourgeoisie*, Paris, La Découverte, 2000 (2007).

de l'économie », se souvient une participante. « De 150 personnes, on est passé à 600, voire 800 personnes. En même temps que le public s'est élargi, les rallyes se sont aussi un peu "boboïsés". » Aujourd'hui, parfois, la vieille aristocratie s'étonne d'y croiser des enfants issus de professions libérales.

« Les cours royales d'Europe, en Angleterre, en Espagne ou au Danemark, ont donné le ton. La nouvelle génération a pris pour épouses des personnes issues de milieux différents. Et l'avènement du mariage d'amour a amené plus de brassage », explique Françoise de Castilla. Depuis 2000, cette organisatrice de rallyes a créé son entreprise, qui propose ses services aux familles fortunées. Un nouveau rallye est lancé tous les deux ans avec une centaine de jeunes issus de la même génération. Elle a créé depuis quelques années une session « Élégance oblige », sorte de cours de rattrapage des bonnes manières pour les enfants issus de familles où ces préceptes dynastiques essentiels ne sont pas appris dès le plus jeune âge. Répondre à une invitation, les formules de politesse, les codes vestimentaires... « J'impose ces règles et le respect de certaines traditions, d'un art de vivre », poursuit Françoise de Castilla. « Si ça déplaît à certains, et bien ils ne viennent pas chez nous. » Une ouverture donc, mais à condition d'épouser les mœurs de la caste.

Pour faire partie d'un rallye, il faut être coopté. Connaître une famille qui est déjà inscrite et accepte d'écrire une lettre ou un mail de recommandation. Et surtout, avoir soi-même façonné une lignée identifiée. Endroits de prédilection pour croiser ces parrains : au travail, à la sortie de l'école, dans les allées du club de sport. Dès l'âge de onze ou douze ans, fini les goûters, place aux activités : visites de musées, de châteaux, des ateliers Hermès, sorties au théâtre, randonnées, tennis, karting, équitation, mais aussi cours de danse... On élargit son cercle amical, les filles d'un côté, les garçons de l'autre. On s'y forge les mêmes goûts, vernis culturel identique et rassembleur. En attendant d'atteindre l'âge de quinze ou seize ans pour se lancer dans le grand bain des soirées, filles et garçons mélangés cette fois. Prêts à tomber « naturellement » sous le charme les uns des autres, pour renforcer les dynasties en les unissant.

Aujourd'hui, les rallyes durent deux ou trois ans seulement, rarement plus. Ils finissent de plus en plus tôt car les enfants bien nés sont chaque année plus nombreux à partir étudier à l'étranger une fois le bac en poche. À dix-huit ans, fin des agapes. Mais le réseau, lui, demeure. « À force de côtoyer les mêmes personnes, ça crée une connivence. On se souvient de toi, même quand ces personnes étaient de simples connaissances. On est censé avoir le même mode de vie par la suite, donc ce sont des personnes que je peux contacter, qui sont mobilisables pour mes projets », explique un ancien adepte. Certains rallyes se recréent même des années après, une fois ses membres lancés dans la vie active, ne serait-ce que le temps d'une soirée. Histoire de renouer avec des contacts précieux dont on ne soupçonnait peut-être pas l'importance à quinze ou seize ans.

Depuis que la parité s'est imposée dans les rallyes, les parents de ces demoiselles ne sont plus les seuls à en assumer l'organisation. Il est courant aujourd'hui de voir des rallyes organisés par trois, quatre ou cinq familles afin d'en diviser le coût. En plus des cercles parisiens classiques (Union Interalliée, France-Amériques, l'École militaire), ils s'aventurent dans de nouveaux lieux et arrondissements hier improbables (XIIe, XVIIIe, XIXe...), au Cabaret Sauvage, Casino de Paris, théâtre du Châtelet ou dans des discothèques et péniches déjà équipées. Une économie de coûts et de moyens, loin des soirées, entre démesure et extravagance, des années 2000. À cette époque, l'argent coule encore à flots et le champagne est servi à volonté. Près de 5 000 personnes dans une soirée au palais Brongniart avec pub à la radio, des avions privés direction le casino de Monte-Carlo ou la palmeraie de Marrakech, des fêtes foraines entièrement reconstituées... Vive la démesure ! La surenchère est entretenue par la concurrence : un rallye doit forcément surclasser le précédent. Toujours plus de faste coûte cher. L'addition peut alors atteindre plusieurs centaines de milliers d'euros.

Surpasser ses semblables semble (pour l'instant) révolu. « Les jeunes avaient tout vu, ils étaient blasés », constate Guillaume Eloy. « Après les fêtes gigantesques d'hier, il y a comme une sorte de retour de flamme et une réflexion : à quoi bon dépenser autant pour des enfants capricieux ? Ils ne s'amusent pas moins dans des fêtes plus modestes. » Les nouvelles technologies ont aussi changé la donne. « Avec les textos, c'est devenu plus compliqué », soupire Françoise de Castilla. « Les jeunes s'échangent les infos sur les soirées et circulent de l'une à l'autre. C'est plus dur de capter leur attention. »

Moins show off, l'institution n'en demeure pas moins un puissant vecteur de reproduction sociale, sans interférence, grâce à la cooptation. La crise a mis à mal les fortunes, en a fait fuir certaines, mais n'a pas rogné l'objectif : transmettre ses valeurs, coûte que coûte. Les familles invitantes règlent des factures de 5 000 à 50 000 euros, rarement moins. Les flyers se veulent de plus en plus soignés et les thèmes attrayants : « années folles », « chapeau melon et bottes de cuir », « été indien », « la route de la soie »... Dans des lieux parfois plus branchés, histoire de séduire les chères têtes blondes. Mais les parents veillent toujours au grain. Les familles organisatrices sont présentes pendant la soirée, prennent l'apéro entre elles et gardent un œil sur leurs ouailles qui se déchaînent sur le dance-floor. Aucun problème, puisque leurs enfants ont appris à festoyer comme il faut. À l'entrée, des vigiles filtrent les arrivants avec un pointeur. La carte membre distribuée avec le flyer fait office de laissez-passer. L'ordinateur reconnaît le détenteur et a en mémoire les coordonnées des parents pour pouvoir les joindre en cas de problème. Comme dans un club, comme chez les grands, ou presque. Des tickets boisson sont distribués pour éviter les excès. Les familles sont rassurées : leurs enfants festoient en sécurité et en bonne compagnie.

Au Baron « comme à la maison »

Après les rallyes, vient le temps des boîtes de nuit. Papa et maman ne sont plus de la partie. Mais les sorties restent dans un cercle fermé. « Les publics ne sont pas mélangés, chaque endroit a sa clientèle, qui se ressemble s'assemble », explique Laurent de Gourcuff. Sur une cinquantaine de « vraies boîtes de nuit » parisiennes, la jeunesse dorée fréquente « une quinzaine d'établissements », estime-t-il. Aux Planches, au Rastignac ou à l'Aristo, rue de Ponthieu, qu'il détient, il faut ajouter le Hobo, toujours dans le VIIIe arrondissement, rue Pierre-Charon, le Zig Zag, rue Marbeuf ou l'Arc, près de la place de l'Étoile. La rue de Ponthieu compte aussi le Regine's ou le Néo… Et bien sûr, le Baron, avenue Marceau, considéré comme le club le plus branché de Paris depuis une petite décennie. Les habitués des lieux, qui se surnomment « les baronneurs », adoptent un look assez décontract dans une ambiance hype décomplexée. On y programme les DJ en vogue et la musique se veut variée, sur le mode fête entre amis. Les people du moment du cinéma, de la musique ou de la télé adorent s'y montrer. Les mannequins, financiers et autres footballeurs ne sont pas forcément les bienvenus. La sélection se veut plus classe, à l'image du chapeau haut de forme qui fait office de logo.

L'un des deux propriétaires de l'établissement, André Saraiva, est un artiste de rue, devenu entrepreneur et jet-setteur. Son associé, Lionel Bensemoun, s'occupe de la partie financière. Il est le petit-neveu d'Isidore Partouche, le fondateur de la dynastie des casinos du même nom. André Saraiva, lui, fait dans l'entregent. Issu d'une famille portugaise ayant fui la dictature de Salazar, il grandit en Suède avant d'atterrir à Paris à l'adolescence. Grapheur atypique, créateur du célèbre personnage Monsieur A, il rencontre Olympia Le-Tan, fille du dessinateur Pierre Le-Tan, à la fin des années 1990. André Saraiva commence à côtoyer les milieux artistiques et la bourgeoisie parisienne. Sur son compte twitter, truffé de photos Instagram, il pose désormais avec Léa Seydoux ou Thomas Langmann, entre une paire d'Adidas Stan Smith signée de son nom et une photo souvenir d'une séance de dédicaces à Los Angeles. Sa boîte est réservée aux « happy few ». Le Baron a la taille d'un mouchoir de poche (180 m^2) et peut accueillir une centaine d'invités, cent cinquante grand maximum.

Les soirées se veulent comme à la maison, en rejouant l'apparente intimité d'une fête d'appartement. Mais version huppée et entre personnes triées sur le volet. À l'entrée, il faut montrer patte blanche au videur. Le style ne fait pas tout, être connu des vigiles est indispensable. Ou être accompagné d'une personne déjà identifiée. À l'intérieur, l'atmosphère est beaucoup plus intimiste que les boîtes mythiques des années 1970-1980, le Palace ou les Bains Douches. À l'époque, la boîte de la rue du Faubourg-Montmartre pouvait accueillir jusqu'à 1 500 personnes. La seconde, située rue du Bourg-l'Abbé, pouvait rassembler une foule deux fois plus grande. Pour festoyer, la jeunesse dorée branchée préfère aujourd'hui les petits comités. Les deux compères ont aussi contribué à créer la Clique, qui organise des Barons « éphémères » lors d'événements comme le festival de Cannes. Où jouent des DJ-people tels que Frédéric Beigbeder ou Emma de Caunes.

« Les fêtes parisiennes ne sont plus aussi dispendieuses qu'avant. On avait souvent plusieurs tables par soir qui rapportaient chacune un quart du chiffre d'affaires. Ce n'est plus vrai aujourd'hui. La moitié de mes établissements est maintenant hybride, tournée vers l'événementiel », explique Laurent de Gourcuff. Ainsi, le YoYo, au Palais de Tokyo, accueille aussi bien des rallyes que des défilés ou des concerts. Autre évolution, la recherche d'espace. L'inconvénient des quartiers chics, c'est que les voisins y sont de moins en moins tolérants. Les quais de Seine ont été rouverts aux piétons. Aux beaux jours, les soirées au bord de l'eau font du tort aux clubs fermés. Laurent de Gourcuff a donc investi dans les jardins de Bagatelle, dans le bois de Boulogne, pour pouvoir faire la fête en plein air.

Le Polo et ses sportifs, de père en fils

Juste à côté des jardins de Bagatelle se trouve le Polo, le cercle sportif le plus élitiste de l'Hexagone. Club privé créé en 1892 par le vicomte de La Rochefoucauld, il occupe neuf hectares de terrain au cœur du bois de Boulogne. Tradition oblige, des générations issues d'une même lignée s'y sont succédé. Repère de la vieille France aristo, il s'est (un peu) ouvert à une clientèle plus large : Nicolas Sarkozy et son frère François ou le conseiller des puissants, Alain Minc, tapant dans la balle avec son petit-fils, côtoient le financier Édouard Carmignac, cinquantième fortune de France, Gilles Cahen-Salvador, spécialiste des LBO, Patrick Guerrand-Hermès, le richissime héritier de la marque française, ou les frères Peugeot. Mais aussi Édouard de Rothschild, la famille de Dampierre, prétendante légitimiste au trône de France, ou la dynastie Poniatowski. Le chef d'entreprise Charles Beigbeder y joue au tennis avec ses enfants. Sa grand-mère l'y emmenait déjà les mercredis après-midi. Delphine Arnault y a organisé la célébration de ses dix-huit ans en grande pompe. Trois mille membres, avec leur famille, se croisent et s'observent sur les pelouses de Bagatelle, soit au total un peu plus de 6 000 personnes.

La sélection est réputée parmi les plus rudes de l'Ouest parisien. Un salarié ou toute personne issue de la classe moyenne, même supérieure, a très peu de chance d'y entrer. Même la haute société doit montrer patte blanche. Pour chaque candidat, deux parrains sont nécessaires, qui louent les qualités morales de la famille, la pratique sportive du candidat, sa courtoisie naturelle. Celui-ci devra encore rédiger une lettre de motivation et se soumettre à un oral. Alors seulement, les nouveaux venus seront peut-être jugés conformes aux bonnes mœurs des lords anglais que le Polo entend incarner. Car les bâtisses à colombages anglo-normands ne souffriraient aucun écart de conduite. Temps d'attente moyen pour y entrer : environ trois ans. Certains ne passeront jamais la porte. Tandis que d'autres y parviennent en trois mois, à condition de bien connaître un membre de la commission… d'éthique – celle qui fait passer les oraux.

Les membres les plus anciens sont considérés comme les plus chics et inversement, ceux arrivés dans les années 2000, regardés de haut. « Au Polo, ce qui est important, c'est que les gens te situent. Alors les portes s'ouvrent. Moi, on sait que je suis la fille d'un membre qui est un grand sportif et fréquente assidûment le club depuis des années. Je suis identifiée, on me reconnaît. Pendant longtemps, personne, en revanche, ne faisait attention à mon mari. Il a fallu qu'il gagne un tournoi de tennis. Depuis, ça va un peu mieux », explique une habituée qui fréquente le club depuis son plus jeune âge. « On passe des journées entières au Polo. Félix et Josselin, le personnel du snack, et Mouss, à l'entrée, sont les mêmes que lorsque j'étais petite. Bien les connaître constitue le vrai chic. Ils savent qui tu es, ils t'ont vu grandir. Cela veut dire que tu es là depuis longtemps, poursuit-elle. Mais j'ai l'impression que le snobisme s'accentue depuis mon enfance. C'est encore plus élitiste, plus friqué qu'avant. Il y a une vraie pression sur l'argent et les apparences. Il faut être habillé à la pointe de la mode. Tout le monde est mince, parfaitement bronzé à partir du 15 janvier et s'observe autour de la piscine, dans un défilé de maillots de bain Eres. Parmi les voitures garées devant le club, les modèles alternent entre Mercedes et Audi. Invariablement. »

Pour faire partie du club, il faut s'acquitter de la modique somme de 15 000 euros. Rien si ses parents en sont membres. Dans ce cas, le droit d'entrée disparaît, comme par magie. Respect des dynasties implantées oblige. Puis, chaque année, d'une cotisation de presque 1 000 euros pour la pratique d'un sport. Doubler la mise pour deux sports et ainsi de suite... Pour une famille de quatre personnes, la facture s'envole vite et sélectionne *de facto*. Les mercredis et samedis, les enfants prennent des cours de tennis, d'équitation, d'escrime, de golf ou de natation. Pendant les week-ends ou les vacances, les familles y ont leurs habitudes : lecture du journal ou bronzage au bord de la piscine, approche feutrée des parents autour du bac à sable. C'est au Polo que Chloé Bolloré, héritière de la famille Bouygues et femme de Yannick Bolloré, a rencontré Laure Baubigeat. Les deux femmes ont lancé en 2009 un réseau social sélect (mybestaddressbook.com) avec toutes les bonnes adresses chics et tendance de la haute société parisienne à travers le monde, de Londres à Tokyo en passant par New York. Question de génération, le réseau Polo a trouvé une sorte de prolongement numérique assez inattendu, au regard de ses traditions anciennes.

Mais le comble du chic est d'avoir un cheval en pension au Polo. Après le tennis, démocratisé depuis les années 1970-1980, puis le golf, dans une certaine mesure, plus récemment, il ne restait plus beaucoup de sports réservés aux élites. Sauf le polo. Né en Asie centrale, le polo fut, avant d'être un sport, l'entraînement des cavaliers de la garde royale. Depuis sa réintroduction en Europe au XIXe siècle, il ne s'est jamais défait de son image élitiste. Sport olympique sur une courte période, entre 1900 et 1936, le polo est pratiqué en Argentine, aux États-Unis ou au Royaume-Uni. Il comptait un petit millier de licenciés en France en 2013. Pour jouer, il faut pouvoir se le permettre. Les chevaux, le *petisero* (leur accompagnateur et préparateur), l'équipement (casque, combinaison), le terrain et parfois l'accompagnement de vétérinaires : le coût de la pratique est très, très élevé. Une équipe en compétition tourne à quatre ou cinq chevaux pour chacun des quatre membres.

En France, Laurent Dassault, second fils de Serge Dassault, est un joueur émérite, pratiquant dès qu'il le peut en marge de ses déplacements professionnels. Au Polo, il joue au sein de l'équipe des Red Falcon. À La Baule, il s'exerce en compagnie de son ami, Jean-François Decaux, un des deux héritiers du groupe JCDecaux. En hiver, cap sur Courchevel, Val-d'Isère ou Megève, sur la neige avec des crampons aux sabots des chevaux. Presque plus facile que sur gazon. « Ce qui n'empêche pas d'être éreinté en fin de partie, mais il y a toujours une belle fête à Megève, organisée par Ariane de Rothschild pour aller savourer la victoire ou pleurer la défaite », confie-t-il, en juin 2013, au magazine *Challenges*. Les Dassault ne sont pas la seule famille où ce sport sert de marqueur social. Roland Sadoun, ancien directeur de l'Ifop et père du publicitaire Arthur Sadoun, fut ambassadeur de la Fédération internationale de polo. Chaque année, sur la pelouse de Bagatelle, un trophée portant son nom récompense un jeune joueur prometteur. Sa femme, Arlette, vient le remettre avec ses petits-enfants. Toujours, et encore, une histoire de famille.

La « famille » du Lagardère Paris Racing

Ainsi va la vie au Polo où les enfants, dès le plus jeune âge, apprennent les codes de la bonne société parisienne. Le bois de Boulogne est leur terrain de jeux pour grandir bien entourés. Les mœurs sont les mêmes dans les clubs de sport voisins, le Tir aux pigeons et le Lagardère Paris Racing. Le premier conserve une atmosphère très traditionnelle, même après avoir été amputé, début 2014, de trois hectares pour réaliser un parc public ouvert à tous les Parisiens. Le second a tout misé sur le sport. Il compte cinquante cours de tennis dont la moitié en terre battue et trois sur herbe, deux piscines, un sauna, des terrains de foot, de volley et de basket, des salles de gym. Parmi les 20 000 membres, des banquiers, des avocats, médecins, cadres de l'immobilier ou de la finance. Il affiche une plus grande ouverture, qui n'est que de façade.

Pour entrer dans le club repris par Arnaud Lagardère (alors que son père était un habitué des cours de tennis du Polo), le droit d'entrée est de 2 000 euros pour les enfants, le double pour les parents. Payable une fois, il est perdu si la cotisation annuelle n'est pas réglée (environ 600 euros pour les enfants, 2 000 pour les adultes). Autant dire que la fréquentation doit être soutenue pour justifier une telle dépense. Le Polo est très familial, en particulier le week-end. Ce n'est pas un club de quartier où taper dans la balle entre deux rendez-vous. On s'y rend pour un déjeuner d'affaires détendu ou pour y passer du temps avec les siens, comme dans le jardin d'une résidence secondaire. Dominique de Villepin y a beaucoup joué au tennis avec ses enfants. La journaliste Martine Laroche-Joubert s'entraîne entre deux reportages. Sa fille Alexia, productrice de télévision, est une habituée elle aussi. Dans l'annuaire, véritable *Who's Who* à lui tout seul, on trouve les Dassault, Bolloré, Riboud ou Bettencourt.

Les grands-parents sont ravis de payer la cotisation de leurs petits-enfants afin de les retrouver sur les grandes pelouses qui bordent les cours de tennis. « Uniforme du racing parfait » exigé indique le règlement. Comprendre : être habillé de blanc des pieds à la tête, bleu ciel ou bleu marine tolérés. Le long des cours, des surveillants sortent les récalcitrants arborant des couleurs trop vives. À l'entrée, barrière, vigiles, caméras. Chaque membre a droit à deux invitations extérieures, pas plus. La reproduction sociale est à son comble dans ce paradis doré des sportifs. Philippe Lucas entraîne ses ouailles dans le bassin olympique. On y a longtemps aperçu Yannick Noah et son fils, Joakim, ainsi qu'une ribambelle de tennismen français, de Cédric Pioline à Richard Gasquet. L'ancien rugbyman Jean-Baptiste Lafond, petit-fils de l'international français André Lafond, y a fait ses premiers pas. Aujourd'hui, toute sa famille est inscrite. On y aperçoit souvent l'ancien footballeur du PSG, Ali Benarbia, en compagnie de ses enfants.

La tradition a vacillé lors de la reprise de la concession du Racing Club de France par Arnaud Lagardère en 2006. Certains habitués ont dénoncé la dérive commerciale et la transformation du Racing en un « club de loisirs de luxe ». Mais elle a été plus forte : les habitués de La Croix Catelan ne sont pas partis, quitte à livrer parfois une bataille des anciens contre les modernes. Le Racing est une affaire de génération, on ne le quitte pas. Les membres s'en sentent « redevables » auprès de leurs enfants. Ainsi, la disparition programmée des casiers familiaux où ranger ses affaires après l'effort a provoqué un tollé en 2010. Il existait alors des casiers de trois tailles différentes, qui reflétaient le statut social de leur propriétaire et étaient légués telle une charge notariale aux enfants. Fin 2014, ils ont été remplacés par des casiers neufs en bois massif et de taille identique. Qui se transmettront aussi, de génération en génération.

Formules vacances VIP

Pour que ces chères têtes blondes des beaux quartiers puissent s'amuser entre elles, d'autres formules existent. Avec service de covoiturage à domicile. Les mercredis après-midi, les week-ends et pendant les vacances scolaires, une flotte de douze minibus sillonne « Paris Ouest et sa banlieue » (*dixit* le site

Internet de l'entreprise Energy Academy), pour un « ramassage » dans les beaux quartiers. Deux cents enfants sont ainsi transportés chaque semaine, direction Bièvres, près de Meudon, pour des cours de tennis, golf ou football, du kart, quad, trampoline... Compter plus de 1 000 euros les dix séances du mercredi après-midi, même tarif pour neuf dimanches après-midi. Il propose aussi une section sport-étude avec le Cours Hattemer et le collège privé Saint-Honoré-d'Eylau dans le XVIe arrondissement.

Les vacances sont une autre occasion de rassembler « fils et filles de ». Pour changer des clubs parisiens, les bambins des grandes familles se retrouvent au bord de la mer ou dans un chalet de montagne. Leurs vacances ne font pas exception à la règle qu'ils s'imposent le reste de l'année : lieux retirés ou confidentiels, difficiles d'accès car onéreux. L'idée est de se distinguer, comme toujours. Et de laisser la masse des touristes loin derrière soi. L'hiver, les stations de Megève, Val Thorens, Courchevel, Méribel, ou Gstaad côté suisse leur permettent de dévaler les pistes ensemble. Chamonix, moins bling-bling que d'autres, voit se côtoyer Jérôme Seydoux, la dynastie Taittinger depuis plus d'un siècle, les Peugeot ou les Mérieux. Les grandes familles adorent aussi les îles, comme Saint-Barth, à la très forte concentration de milliardaires, mais aussi les Bahamas, les îles Vierges ou Moustique. Marrakech ou Essaouira recueillent les suffrages au printemps. L'été, le Cap Ferret, l'île de Ré, l'île d'Yeu ou Sainte-Maxime sont presque aussi prisés que Saint-Tropez, plutôt orienté jet-set. Mais pas seulement. Dans le domaine privé et ultrachic des Parcs de la cité tropézienne, Bernard Arnault et François Pinault ont implanté leurs villas respectives. Ce dernier fait parfois le voyage jusqu'en Bretagne, dont les destinations discrètes, en particulier autour du golfe du Morbihan, ont aussi séduit les Guerlain, Bettencourt, Bolloré ou Bouygues. Sur le littoral opposé, à Dinard, les enfants des dynasties industrielles Bonduelle et Mulliez prennent des cours de voile ensemble. En Corse, les villégiatures des people sont légion. Les musiciens y côtoient les acteurs ou les stars du petit écran. Thomas Dutronc y a en partie grandi : ses parents ont été parmi les premiers Parisiens du monde du spectacle à passer leurs étés sur l'île. Puis Christian Clavier s'est installé à Porto-Vecchio, Daniel Auteuil à Bonifacio, Guy Bedos à Lumio... C'est en Corse que le producteur Thomas Langmann, fils de Claude Berri, s'est marié à l'été 2013 avec la journaliste Céline Bosquet. En présence de Nicolas Bedos, qui connaît bien les lieux.

Mariages : people ou lignée ?

Avec qui les « fils et filles de » convolent-ils en justes noces ? Moment clé de la transmission du nom, du titre et de la fortune, le choix du conjoint décide de la perpétuation de la lignée. Traditionnellement, il doit être homogame – avec un partenaire issu du même milieu – afin de permettre la transmission du patrimoine à la génération suivante, en le maintenant dans un milieu social identique. Il peut aussi « anoblir » une famille. C'est ainsi que la sociologue Monique Pinçon-Charlot interprète le mariage de Delphine Arnault, la fille aînée du P-DG de LVMH, avec Alessandro Vallarino Gancia, fils d'une dynastie italienne produisant vermouths et vins pétillants. « Bernard Arnault était un petit-bourgeois. Quand sa fille a épousé un riche héritier italien, les élites du monde entier étaient présentes. La cérémonie a eu lieu dans le prestigieux château d'Yquem à Sauternes, propriété du groupe LVMH. Tout était là : capital social, économique, culturel, symbolique », analyse la sociologue. Quelques années plus tard, Delphine Arnault refait sa vie avec le trublion patron de Free, Xavier Niel. L'homme d'affaires, fils de cadres moyens installés en banlieue parisienne, a construit son succès en cassant les prix de la téléphonie mobile et en rognant les marges de ses concurrents, après avoir fait ses débuts dans le minitel rose. Le self-made man s'est allié avec l'une des héritières de la grande bourgeoisie française et de la deuxième fortune française.

D'autres alliances de « fils et filles de » réveillent de vieilles rancœurs de famille. Tout en restant dans la droite ligne de la voie tracée par papa. Deux clans face à face, des bisbilles au sein d'une même famille et deux enfants décidés à s'affranchir des ressentiments... L'histoire a tout d'une haletante saga d'été. Yannick Bolloré, le fils cadet de Vincent Bolloré, est l'un des représentants de la septième génération de cette lignée d'entrepreneurs. À trente-cinq ans, il dirige Havas, l'un des plus grands groupes de communication mondiaux. Son père lui a passé la main à l'été 2013, après son succès à la tête du pôle médias du groupe Bolloré. Sept ans auparavant, il s'était marié avec Chloé Bouygues, la nièce de Martin, l'ennemi juré de son père. L'annonce provoque remous et rumeurs, mais le psychodrame a été évité. « On est donc sûr que c'est un vrai mariage d'amour », a-t-il lancé dans son discours, le jour de son mariage. Martin Bouygues était absent. Avec Vincent Bolloré, les deux hommes se connaissent depuis les bancs de la classe de CM1 de Gerson, à Paris. Mais ils sont en froid depuis un pacte d'actionnaires qui a failli mal tourner à la fin des années 1990. Cette alliance d'enfants des deux dynasties, version moderne des Capulet contre les Montaigu du *Roméo et Juliette* de Shakespeare, n'a pas permis non plus de rapprocher Martin Bouygues de son frère Nicolas, le père de la mariée. Les deux hommes s'évitent depuis que le premier a été préféré au second par leur père, pour lui succéder à la tête du groupe familial.

Mais certains héritiers n'hésitent pas à faire des pas de côté, loin de la dynastie familiale, de façon plus franche encore. Ou bien les grands patrons sont-ils en recherche d'une touche plus glamour ? En tout cas, le business se mêle désormais sans complexe au show-biz. Après avoir eu un enfant avec le mannequin Linda Evangelista, François-Henri Pinault s'est marié en 2009 avec l'actrice Salma Hayek. En 2012, sa comparution devant la justice américaine pour non-règlement de la pension alimentaire pour le fils qu'il a eu avec l'ancien top-model a donné lieu à un grand déballage sur sa vie privée, ses dépenses, son mode de vie somptuaire. Un accord a finalement été trouvé. Le montant de la pension alimentaire n'a pas été dévoilé.

Autre héritier du monde de l'économie, Arnaud Lagardère se met en scène avec sa compagne, le mannequin belge Jade Foret, à l'été 2011, dans sa résidence de Rambouillet, pour l'hebdomadaire belge *Le Soir Magazine*. La vidéo, qui met aussi en scène sa belle-mère, crée l'émoi parmi certains salariés du groupe. Et les polémiques sur ses compétences professionnelles repartent de plus belle, alors que le groupe Lagardère a connu plusieurs déconvenues industrielles au cours des dernières années. Après tout, son bras droit, Denis Olivennes, président du directoire de Lagardère Active, est bien le compagnon de l'ex-mannequin Inès de La Fressange. Sans autant de mise en scène, cependant.

Les mondes se mélangent et la vie privée en atteste, côté politique aussi. Les deux derniers présidents de la République, Nicolas Sarkozy et François Hollande, ont eux aussi versé dans le people. Le premier a savamment orchestré le début de son idylle avec la chanteuse et ancien mannequin Carla Bruni à l'automne 2007, quelques mois seulement après son arrivée à l'Élysée. Tandis que son fils, Jean Sarkozy, choisissait, un an plus tard, la voie plus classique d'un mariage avec une descendante de la famille fondatrice du groupe Darty, Jessica Sebaoun. Quant à François Hollande, les Français suivent presque en direct le feuilleton de ses amours. Sa relation avec l'actrice Julie Gayet est l'objet de toutes les attentions, après sa séparation très médiatisée par son ancienne compagne, Valérie Trierweiler. La médiatisation de la vie privée conduit à montrer toujours plus l'intimité des personnages publics, famille et enfants compris.

II

Politique, la tentation aristocratique

La « peoplisation » de la politique a connu un grand coup d'accélérateur depuis le début des années 2000. La famille, et en particulier les enfants, est utilisée pour humaniser l'image des politiques. Ce déballage de la vie privée fait les choux gras de la presse à scandale. Celle-ci réserve désormais aux politiques le même traitement que pour n'importe quel people, ce qui contribue à la perte de crédibilité de la fonction. Localement, les dynasties arrivent à se jouer du suffrage universel. Des maires, députés, conseillers régionaux ou généraux héritent du mandat de leurs parents. Traditionnellement, les engagements politiques se transmettent à l'intérieur des familles de militants. Mais, au sein des baronnies locales ou au travers de passe-droits accordés au plus haut sommet de l'État, certaines pratiques relèvent directement du népotisme.

4

Les médias à la cour du roi

Début 2014, la campagne pour les élections municipales à Paris bat son plein. Face à face, deux femmes s'affrontent : Nathalie Kosciusko-Morizet (NKM), ex-ministre et étoile montante de l'UMP, face à Anne Hidalgo, adoubée par le maire sortant, Bertrand Delanoë, dont elle est la première adjointe. Le combat est serré et rude. NKM, en challenger, attaque volontiers Anne Hidalgo sur le thème de la succession : la maire adjointe serait l'« héritière » du maire sortant Bertrand Delanoë. Il est vrai que ce dernier a commencé à préparer son départ dès le début de son second mandat, en 2006. Mais Anne Hidalgo fourbit ses armes. Ses proches s'ouvrent aux journalistes pour raconter son tempérament de battante et sa volonté de fer. Dans la presse, les papiers fleurissent sur ses débuts difficiles à la mairie de Paris et sa « longue initiation » avant d'être mise en orbite. Message : il a fallu s'imposer, rien ne lui a été offert sur un plateau d'argent.

Quant à NKM, sa campagne peine à décoller. Celle qui insiste sur l'héritage de sa rivale est elle-même issue d'une longue lignée politique. Son père, François, a été maire de Sèvres de 1995 à 2014 et conseiller général des Hauts-de-Seine. Son grand-père, Jacques Kosciusko, résistant, qui a libéré l'Hôtel de Ville de Paris en 1944, fut haut fonctionnaire, diplomate et maire de Saint-Nom-la-Bretèche (Yvelines). Son arrière-grand-père, André Morizet, l'un des fondateurs du PCF, fut sénateur de la Seine et maire de Boulogne-Billancourt. Son ascension fulgurante à droite a des racines familiales de bords politiques différents. Mais, début 2014, dans sa course à la mairie de Paris, NKM compte déjà plusieurs gaffes à son actif : méconnaissance des bus de nuit, évocation des « moments de grâce » vécus dans le métro, pose alanguie au bord du canal Saint-Martin... Une campagne de com' maladroite et qui sonne faux.

Après ces erreurs de parcours, NKM sort son dernier atout. Elle s'adresse à la corde sensible des électeurs. La candidate va mettre en scène ses enfants à plusieurs reprises. La première fois, c'était lors de ses vacances normandes, photographiées par *Le Parisien* à l'été 2013, en compagnie de ses deux têtes blondes. En janvier 2014, Paul-Elie et Louis-Abel, huit et quatre ans, réapparaissent dans un sujet de l'émission d'information et de reportage de France 2, *Envoyé spécial*. Ce n'est pas un one shot. Début février, ses deux fils posent de nouveau sur papier glacé dans *Paris Match*, puis dans *Gala* en mars, sur le chemin de l'école. Si ses enfants font un retour dans la campagne de leur mère, c'est peut-être que NKM cherche alors à se rapprocher des Parisiens et à rassurer. Peut-être. Celle qui avait annoncé sa grossesse, en 2009, sur Facebook, après des photos volées parues dans *Voici*, avait aussi toujours rejeté l'idée de poser avec ses enfants, malgré de nombreuses sollicitations. Lorsqu'elle sort un livre à son retour de la maternité, le magazine *Le Point* publie les bonnes feuilles sur quatre pages. Selon l'ex-ministre, Franz-Olivier Giesbert, le patron du *Point*, lui propose alors des pages supplémentaires si elle accepte de poser avec son bébé. Elle refuse. Cinq ans après, NKM a revu son jugement.

Quand les politiques veulent dévoiler leur vie privée, les médias, eux, ne disent pas non. Bien au contraire. En janvier 2014, lorsque l'émission *Envoyé spécial* propose un portrait croisé des deux candidates, le magazine affiche sans ambiguïté le parti pris « people » du sujet. En plateau, la présentatrice, Françoise Joly, annonce la couleur dans son lancement : « Elles ont accepté un pari pour Paris, se laisser filmer au plus près, pas seulement en campagne mais dans leur quotidien, chacune avec son style [...].

Vous allez les découvrir, les entendre, les voir vivre, comme vous ne les aviez jamais vues ailleurs. Dans ces deux portraits, que nous avons réalisés, il n'est pas question de programme politique mais de la vérité de deux candidates, chacune avec ses atouts, ses faiblesses... » En effet, les quelque trente minutes du sujet ne proposent aucun débat d'idées ni mesure concrète pour les Parisiens. Mais plutôt un déballage guimauve autour de l'intimité des deux candidates. Dans l'ambiance animée d'une soirée familiale, la voix off du journaliste explique que les deux enfants de NKM effectuent leur première année scolaire à Paris. Ils ont déménagé de la ville de Longjumeau, dont leur maman a été maire, l'été d'avant. « Sauf quand elle a des interviews matinales à la radio, NKM emmène ses fils à l'école chaque matin », poursuit la voix off. Sur le chemin, puis devant les grilles, où elle s'attarde longuement pour leur dire au revoir, la candidate se met en scène en mère attentive, aimante et dévouée. De retour à la maison, la séquence se termine sur plusieurs de ses peintures pour lesquelles ses enfants, toujours, lui servent de modèle.

Anne Hidalgo n'est pas en reste. Elle aussi accompagne son fils cadet, Arthur, au collège tous les matins, apprend-on. « L'essentiel de ma vie, ce sont mes enfants. Je ne peux pas vivre sans savoir s'ils vont bien, s'ils sont heureux dans ce qu'ils font », confie Anne Hidalgo. Mais Arthur ne veut pas être filmé. « Être l'enfant d'une personnalité politique n'est pas simple, il faut qu'il ait une vie d'un petit garçon comme les autres. Faire de la politique, c'est mon choix, pas le sien. Donc je veux le préserver », poursuit la candidate. Le mari de Nathalie Kosciusko-Morizet, lui non plus, ne veut pas être filmé. En revanche, revoici Paul-Elie et Louis-Abel qui maintenant mangent des frites et boivent un Coca au restaurant en compagnie de leur maman. Qui se justifie : « Au début, je ne voulais vraiment pas d'images, pas de photos et je me suis rendu compte qu'au contraire, ils ne comprenaient pas que je me batte pour les cacher, d'une certaine manière, et ils n'appréciaient pas. Donc j'ai un peu changé de position là-dessus. » Pendant la campagne, Aurore Longuet, fille de l'ancien ministre libéral, Gérard Longuet, faisait partie de l'équipe de communicants de NKM. Puis elle est devenue l'attachée de presse de la numéro 2 de l'UMP.

En pleine campagne, NKM a-t-elle bien fait de lancer ses enfants dans l'arène médiatique ? « Témoigner de sa vie de famille ne peut se faire qu'avec de strictes limites d'éthique et de respect. C'est une matière explosive à manipuler avec beaucoup de précautions », estime l'incontournable Jacques Séguéla. Le publicitaire, fondateur de l'agence Euro RSCG, fit les deux campagnes de François Mitterrand, en 1981 et en 1988, et conseilla également Nicolas Sarkozy pendant son mandat élyséen puis sur la dernière campagne présidentielle. Il a eu affaire à des profils différents, certains politiques se montrant plus disposés que d'autres à dévoiler leur vie privée. Mais si ces derniers acceptent de se prêter à ce type d'exercice, « ça ne doit pas être artificiel, hollywoodien ni truqué. C'est très difficile à réaliser, toujours très tendancieux quand ça sort donc c'est à manier avec des pincettes. Il ne faut pas en faire un ramasse-votes. Ce doit être fait avant l'entrée en campagne, au plus tard huit mois avant car les campagnes se jouent maintenant sur les toutes dernières semaines. La présentation des enfants doit être oubliée dans les derniers instants », estime-t-il.

Même avec toutes les précautions qui s'imposent, l'exercice est désormais considéré comme un passage obligé par les politiques. Depuis les années 1960, la plupart des prétendants à l'Élysée ou à Matignon ont posé en famille, avec leurs enfants. « Quand on aspire à de hautes responsabilités, c'est un peu compliqué de ne pas présenter son conjoint ou sa conjointe et ses enfants, de faire comme si on était seul, et pas soi-même confronté aux mêmes problématiques qui sont celles de tout être humain ayant constitué une famille », estime Laurence Pieau, la directrice de la rédaction de *Closer*, magazine people qui vient chasser aussi sur le terrain de la vie privée des politiques. Celle-ci est aujourd'hui largement exposée et les enfants instrumentalisés à des fins électorales. D'un côté, des médias de plus en plus demandeurs, au fur et à mesure que les verrous tombent autour de l'intimité des politiques. De l'autre, des politiques de plus en plus enclins à dévoiler leur vie personnelle. Les images sont longtemps restées sous contrôle des politiques. Jusqu'aux années 2000 et aux premières dérives : la presse people a couvert les politiques comme n'importe quelle star de la chanson ou vedette du petit écran, à coups de révélations sur leur vie privée. La concurrence toujours plus forte entre les titres a nourri leur appétit de confidences, tandis que les politiques eux-mêmes instrumentalisent de plus en plus leur propre famille, systématiquement mise en avant. Dans cette communication de moins en moins maîtrisée, cette mise en scène s'est retournée contre les principaux concernés : les politiques eux-mêmes, piégés à leur propre jeu.

Image aristocratique

Cette vieille ficelle de la communication, centrée autour de la famille, a commencé dès les années 1950. Nommé à Matignon, Antoine Pinay est le premier homme politique à poser avec ses enfants. *Paris Match* publie des photos de son fils Louis, que le président du Conseil aide à sortir de la piscine, et de sa fille à Saint-Jean-Cap-Ferrat. Avec ce titre en une : « Le miracle Pinay ». Sa femme est aussi la première première dame française à jouer un rôle, sur le modèle de la « First Lady » américaine. En décembre 1953, les lecteurs de *Paris Match* découvrent aussi les vacances de René Coty, qui pose en maillot de bain aux côtés de sa fille, pendant que sa femme fait le service à table. Dans les années 1960, inspiré par John Fitzgerald Kennedy et sur les conseils du communicant Michel Bongrand, Jean Lecanuet glisse des photos de sa femme et de ses trois filles dans son dossier de presse pour la campagne présidentielle de 1965. Sa candidature mettra en ballottage son concurrent de droite, le général de Gaulle, persuadé d'être réélu au premier tour – et qui avait refusé les conseils de Michel Bongrand. La télé n'a pas tardé à se mêler de ces affaires. En 1970, Georges Pompidou reçoit la caméra de Pierre Desgraupes dans sa maison de campagne à Carjac, dans le Lot. « Il y a une scène assez hallucinante où Pompidou joue au baby-foot, fait la lecture de l'horoscope à l'heure de l'apéro avec femme, enfants et petits-enfants. Bien sûr, on voit son chien et on entend même le surnom de sa femme "Bibiche" ! On est déjà dans une recherche d'identification à un modèle familial », explique Christian Delporte, historien des médias.

Valéry Giscard d'Estaing joue pleinement cette carte au cours de sa première campagne présidentielle. Valérie-Anne, sa fille aînée, et sa femme, l'accompagnent dans les réunions publiques et sont présentes à la tribune. En avril 1974, il pose avec sa fille cadette, Jacinte, dans le jardin des Tuileries, pour un photographe de *Paris Match*. Il insistera auprès de son équipe pour qu'un de ces clichés devienne son affiche de campagne, sur lequel le slogan « La paix et la sécurité » sera apposé par des militants. L'image est chaleureuse, tournée vers l'avenir, quand celle de Giscard restait, jusque-là, très technocratique. Ce sera l'affiche de la victoire. En misant sur la jeunesse et la nouvelle génération, VGE vise juste : sa campagne est relancée. Entre les deux tours, le candidat de centre droit enfonce le clou et se rend au Parc des Princes avec ses deux fils, Louis et Henri, pour assister à la finale de rugby Béziers-Narbonne. Une sorte de retour aux mœurs de l'Ancien Régime : c'est en famille que le candidat à la présidence de la République se déplace dans les fêtes populaires, comme les rois et les reines des monarchies du monde entier. Il en sera ainsi tout au long de son mandat. Les caméras de télévision pénètrent à l'Élysée pour filmer sa vie quotidienne et ses quatre enfants, successivement, en gros plan. « Pendant le septennat de VGE, les Français savent tout de ses deux filles : l'une aime les fleurs, l'autre les chevaux... Et les médias filment leurs mariages respectifs. L'image est aristocratique et monarchique, c'est la reconstitution de la cour du roi », analyse Christian Delporte. Le 13 avril 1979, « Jacinte se marie », proclame *Paris Match* en une. Le magazine fait sa couverture avec une photo de la fille du président et de son futur mari. En 1977, le premier mariage de sa grande sœur, Valérie-Anne, à Palerme, avait été tout aussi médiatisé, *France-Soir* titrant « Lune de miel pour la fille aînée du président ».

Le premier président socialiste, François Mitterrand, se méfie de la communication, en particulier concernant sa vie privée et ses enfants. Il souhaite, dans un premier temps, marquer sa différence avec son prédécesseur, mais aussi protéger une vie personnelle compliquée. Avant de céder, lui aussi, à la com'. Le grand public apprendra tardivement, en 1994, l'existence de sa fille cachée, Mazarine, que le locataire de l'Élysée a tout fait pour garder secrète. « Il n'était pas question pour François Mitterrand de poser avec ses enfants. C'était un choix de sa part mais un choix tacite. Il ne le disait pas, il fallait décoder », témoigne Jacques Séguéla.

Pourtant, la gauche n'est pas en reste. En 1992, Ségolène Royal n'a pas hésité. Ministre de l'Environnement du gouvernement Bérégovoy, elle accouche dans l'exercice de ses fonctions : une première dans l'histoire de la République, qui fleure bon les coutumes monarchiques. Le lendemain, les caméras de TF1 et d'Antenne 2 sont autorisées à entrer dans la chambre de la maman, à la maternité, pour filmer la première journée de Flora, son quatrième enfant. Premier jour, première télé. « Je le fais aussi pour la cause des femmes, se justifie alors Ségolène Royal, car un des gros problèmes aujourd'hui, à l'heure où les femmes accèdent à des responsabilités importantes, est de pouvoir concilier leur vie familiale, affective et professionnelle. » Les caméras d'Antenne 2 filment également ses trois autres enfants, Thomas, Clémence et Julien, réunis à côté du lit de leur maman. Plus de vingt ans après, en octobre 2014, l'ancienne compagne de François Hollande fait un *mea culpa* au micro de BFM TV : « C'est peut-être une erreur d'avoir fait ça. C'était mon premier poste ministériel et je ne me suis peut-être pas rendu compte de l'impact des images. Je voulais assumer, c'était peut-être un peu naïf à l'époque, le fait qu'on pouvait à la fois travailler et avoir un enfant. »

Famille modèle

Jacques Chirac, lui, travaillait en famille. Sa fille, Claude, fut chargée de sa communication à partir de 1989 à la mairie de Paris puis pendant ses deux mandats élyséens, de

1995 à 2007. Très discrète, elle n'apparaît pas à l'image. Mais c'est elle qui orchestre celle de son père. La relation père/fille instaure une grande proximité dans le duo politique/communicant. « Claude Chirac avait une grande liberté de parole avec son père. Elle le cocoonait, le surveillait, le grondait et, quand il dérapait, elle se fâchait. Elle avait aussi une facilité à organiser les choses entre les médias et son père que je n'ai jamais vu ailleurs », témoigne Marc Vanghelder, dirigeant de l'agence de communication Leaders et Opinions, qui conseilla Jacques Chirac notamment pendant la campagne présidentielle de 2002.

À l'été 1996, quelques mois après la naissance de Martin, son petit-fils, Jacques Chirac se laisse photographier poussant le landau à Brégançon, en bermuda et chemise ouverte. Suivi par sa fille Claude en maillot de bain noir et short rouge. Elle a tout orchestré afin de couper l'herbe sous le pied des paparazzi, à l'affût depuis la naissance du bébé et tentés d'aller revendre des photos à la presse people. Son père a aussi besoin de s'humaniser, alors que les sans-papiers de l'église Saint-Bernard, à Paris, mènent une lutte très médiatisée, et de reconquérir l'opinion dans une première année de mandat présidentiel difficile. En 1997, cette fois après la dissolution, *Paris Match* a été autorisé à photographier le petit-fils et son grand-père. Le papier sera titré « Tendre cohabitation ». Rebelote en 2000, toujours à Brégançon, avec Martin un peu plus grand. Cette fois, l'hebdomadaire du groupe Lagardère titre « L'art d'être grand-père » et consacre quatre doubles-pages avec huit photos de la balade de Jacques et de Martin, marchant et jouant autour du fort pendant leur week-end de Pâques.

Claude Chirac a toujours veillé à protéger son fils. À sa naissance, elle a envoyé une lettre aux journaux leur demandant de ne pas publier des photos où son enfant serait reconnaissable. La presse a plutôt respecté cette requête. Des photos ont circulé, en 2006, de Martin Rey-Chirac demandant des autographes aux joueurs de l'équipe de France de football. Elles ne sont jamais sorties. Le petit-fils de Jacques Chirac fera de brèves apparitions dans les médias, toujours distillées avec maîtrise.

Outre Brégançon, il y aura aussi quelques photos de Martin au bras de son grand-père dans les jardins de l'Élysée. À quelques mois de la fin du mandat de Jacques Chirac, fin 2006, revoici le petit-fils, photographié un dimanche, en visite chez son grand-père, lors d'un reportage à l'Élysée pour le 3 000e numéro de *Paris Match*. Une façon, déjà, de se projeter dans la vie d'après, post-présidence de la République. Et en 2009, alors que Jacques Chirac fête son soixante-dix-septième anniversaire et le succès du premier tome de ses mémoires en librairie, Martin est confortablement assis avec sa mère, Jacques et Bernadette sur le divan rouge de Michel Drucker, le dimanche après-midi, sur France 2. Une première, où l'adolescent, âgé de treize ans, livre des anecdotes millimétrées sur ses grands-parents. La communication mise en musique par sa maman est toujours autant sous contrôle. Au pouvoir, elle vise à donner une image de « papy gâteau » sympa et de M. Tout-le-monde. Une façon d'occuper les paparazzi et de les tenir loin d'autres scandales potentiels sur la vie privée du président. Par la suite, elle entretient le mythe avec les mêmes ficelles, celle de l'image d'une famille modèle et aimante.

Modernité et proximité

L'intérêt des politiques à se montrer en famille relève d'un même calcul politique. « Il s'agit d'apparaître comme le bon père ou la bonne mère de famille. Comme celui ou celle qui se pose à côté du tumulte de son travail, des exigences de ses responsabilités, qui sait encore consacrer du temps à l'autre, retrouver la paix et la sérénité dans le cocon familial. C'est souvent mis en scène dans l'appartement de famille ou la maison de campagne avec des photos encadrées sur la cheminée. Les trois quarts du temps c'est du pipeau, mais ce n'est pas grave, on s'en sert car ça fait bien dans le décor, notamment lorsqu'on est à droite, mais aussi à gauche. Car l'électorat vieillit et celui de plus de soixante ans est sensible à cette image », analyse Marc Vanghelder. « Mais je ne crois pas du tout que ce soit obligatoire. On prétexte que les spectateurs aiment ça, alors on le fait », poursuit-il.

Modernité et proximité sont devenues les motivations premières des politiques au moment de modeler leur image. Tout est bon pour apparaître plus humain, plus semblable à ses électeurs. « En fait, après de Gaulle, tous les politiques qui accèdent au pouvoir sont des hommes ordinaires, donc ils vont jouer la carte de l'identification avec les Français », explique Christian Delporte. Un politique doit-il être à l'image de ses concitoyens ? Où sont les limites de cette mise en scène ? « Quand je vais chercher ma baguette de pain, je ne cherche pas à savoir si la boulangère a deux, trois ou quatre enfants. Ce côté démonstratif ne me plaît pas, je le trouve indécent. En politique, tout a changé », estime Jean-Louis Debré, président du Conseil constitutionnel. « Comme on n'a plus rien à proposer, on transforme la politique en un métier du spectacle. Ça devient une façon de détourner les Français de l'essentiel. Les Français le savent probablement aussi. Arrêtons de les insulter ! »

Mais la pression médiatique est forte. Lionel Jospin a refusé, en 2002, d'aller sur le plateau de *Vivement dimanche*, l'émission de Michel Drucker, avec sa femme, Sylviane Agacinski. Depuis, son conseiller en communication de l'époque, Jacques Séguéla, ne cesse de répéter qu'une telle émission rapporte « environ 400 000 voix ». « Ce sont des approximations, mais il lui a manqué 170 000 voix pour être au second tour. Le canapé rouge de Drucker, c'est l'équivalent de *Paris Match* à la télé, ça ne se refuse pas quand on veut être président de la République », persiste toujours le publicitaire. L'argument a été lu et relu après la défaite retentissante du candidat socialiste au soir du 21 avril 2002. Érigé en symbole du refus de Lionel Jospin de jouer le jeu des médias.

Spirale de la « peoplisation »

Jusque-là, la communication autour de la vie privée reste globalement maîtrisée. À partir du début des années 2000, la spirale de la politique spectacle et de la « peoplisation », par le biais de l'étalage de la vie de famille, ne cesse de s'amplifier. La presse people s'enrichit de nouveaux titres, comme le magazine *Closer*, calqués sur des journaux italiens, britanniques, espagnols ou allemands, tandis que la télévision s'adonne à la téléréalité. Les politiques vont jouer la carte du « people », qui devient la matrice de leur communication, poussés parfois par leurs conseillers. Un exemple parmi d'autres, symptomatiques de l'époque. En 2002, Roselyne Bachelot, alors ministre de l'Environnement, est victime de propos insultants de la part de Christophe Alévêque, chroniqueur de l'émission d'Europe 1, *On va s'gêner !* présentée par Laurent Ruquier. S'ensuivent une polémique, des articles dans *Le Figaro* ou *Libération* et des excuses de l'animateur, accompagnées d'un bouquet de fleurs envoyé au domicile de Roselyne Bachelot, qui les refuse. « Très choquée » par cet épisode, comme elle nous le confie plus de douze ans après, l'ancienne ministre se souvient avoir alors vu Dominique Ambiel, le conseiller en communication du Premier ministre, Jean-Pierre Raffarin, débarquer dans son bureau avec une idée « formidable ». Pour contrer la polémique, « il voulait appeler *Le Figaro Magazine* et organiser un très joli reportage avec moi et mon petit-fils, qui venait de naître », se souvient l'intéressée. C'est hors de question pour Roselyne Bachelot qui ne souhaite pas « jeter un petit être innocent dans la bouche du grand Moloch », selon ses termes. « Malgré mes fonctions de premier plan, j'ai toujours refusé de me mettre en scène en famille. Je ne donne de leçons à personne. C'est mon éthique et ma protection. Je me suis protégée et je pense que j'ai eu raison. On donne déjà assez dans la politique, du temps, de la substance, des journées de dix-huit à dix-neuf heures... »

L'instrumentalisation accentuée de la vie de famille a aussi des effets pervers. Les belles photos de famille peuvent revenir aussi vite en boomerang, généralement aux moments les plus délicats. En février 2005, *Le Canard enchaîné* révèle que le ministre de l'Économie, Hervé Gaymard, son épouse et leurs huit enfants logent dans un duplex parisien de 600 m² loué 14 000 euros par mois par l'État, rue Jean-Goujon, dans le VIIIe arrondissement, tout près de l'avenue Montaigne et des Champs-Élysées. Les rémunérations du maître d'hôtel, du cuisinier, de la gouvernante et des deux femmes de ménage sont également à la charge du contribuable. Axe de défense du ministre qui voulait « désintoxiquer la France de la dépense publique » : rien d'illégal à cela, les autres logements de fonction de Bercy étaient occupés. À *Paris Match*, dans le numéro du 24 février 2005, il déclare aussi : « Évidemment, si je n'étais pas le fils d'un cordonnier marchand de chaussures, si j'étais un grand bourgeois, je n'aurais pas de problème de logement. Je serais propriétaire de mon appartement et il n'y aurait pas toute cette affaire. » La presse n'a pas tardé à ressortir des photos d'Hervé Gaymard posant avec femme et enfants attablés dans leur cossue maison savoyarde, dont ils étaient bel et bien propriétaires. Loin de l'image de Petit-Chose que le ministre voulait se donner. Et la presse de révéler aussi que le couple était soumis à l'impôt sur la fortune et possédait une maison en Bretagne, un appartement à Paris, et deux autres appartements ainsi que des bureaux. Hervé Gaymard a dû démissionner une dizaine de jours après ces révélations.

Nicolas Sarkozy a largement joué la carte de la famille, de la vie privée et de la médiatisation de ses enfants. Au cours de son ascension vers l'Élysée puis une fois élu à la fonction suprême, sa compagne et ses fils sont régulièrement mis en scène. L'épisode le plus symbolique a lieu en novembre 2004. L'UMP est réunie en congrès au Bourget pour élire son président. Dans un show à l'américaine, des vidéos défilent de personnalités soutenant Nicolas Sarkozy (Jean Reno, Christian Clavier, Pierre Palmade, Fabrice Santoro, José Maria Aznar) au-dessus du pupitre du candidat. Celui qui les conclut n'est autre que son fils, Louis, sept ans, qui lance le fameux « Bonne chance, mon papa ! » sous les applaudissements de quelque 30 000 militants en liesse. Alors ministre de l'Intérieur à l'image brutale, Nicolas

Sarkozy cherche, à son tour, à s'humaniser et nouer un lien plus affectif avec les Français. Mais pour lui aussi, le retour de manivelle sera violent. « Quand vous ouvrez la porte de la cuisine, ne vous étonnez pas qu'on ouvre la porte de la chambre à coucher », dit le dicton. « Difficile d'ouvrir la porte de chez soi quand tout va bien et de la refermer quand tout va mal », poursuit Laurence Pieau. Avant même d'arriver à l'Élysée en 2007, ses affaires de cœur font les choux gras de la presse. Sa femme, Cécilia, s'affiche avec son nouveau compagnon, Richard Attias, à New York en 2005. La presse people traque le couple depuis que des rumeurs font état du départ de Cécilia. Leur relation finissante ne cessera de s'étaler dans la presse et Nicolas Sarkozy ira même s'en expliquer en direct sur le plateau du *20 heures* de France 2. Le feuilleton people bat son plein : le candidat part à la reconquête de sa femme en même temps qu'il brigue la fonction suprême. Cécilia est présente, avec les trois enfants de Nicolas Sarkozy, lors de la cérémonie d'investiture de son mari à l'Élysée, en juin 2007, alors que les rumeurs sur un prochain divorce vont bon train.

Un président célibataire à l'Élysée, c'est une première dans l'histoire de la République. La forte exposition lors de sa séparation avec Cécilia ne le fait pas reculer sur le front de la médiatisation de sa famille. Après leur divorce, qui sera finalement prononcé en octobre 2007, s'ouvre rapidement l'épisode Carla Bruni. L'officialisation de la relation entre le président de la République et l'ex-mannequin a lieu en décembre 2007, à Disneyland Paris, sous l'œil des photographes. Aurélien, le fils de Carla Bruni et de Raphaël Enthoven, son ancien compagnon, ainsi que sa mère, les accompagnent. Il faut donner l'image d'une famille unie. Un scoop que les journaux *Point de Vue* et *Closer* se sont partagé, après une première photo mise en ligne sur le site de *L'Express*. Nouvelle sortie en janvier 2008 dans les ruines de Pétra, en Jordanie. Le couple fait du tourisme sous l'œil des caméras et d'une dizaine de photographes. Aurélien, perché sur les épaules de Nicolas, se cache le visage avec les mains sous sa capuche, quand ce n'est pas sa maman qui le recouvre avec les siennes, pendant que les photographes mitraillent la petite famille... La scène est surréaliste, alors qu'elle a été préméditée. À la suite de la sortie à Disneyland Paris, Carla Bruni avait appelé le soir même *Closer* pour demander que le visage de son enfant soit flouté. Cette fois, elle tente de le camoufler elle-même pour préserver son image. Mais dans les deux cas, la présence de son fils importait, afin de montrer que, cette fois, le président n'est plus seul dans son palais, ni au moment de prendre du repos loin de Paris. Cette mise en scène démonstrative de la vie privée de Nicolas Sarkozy a toutefois nui à son image : à partir de l'épisode de ses nouvelles noces, il décroche dans les sondages et ne remontera jamais. Pendant la campagne de 2012, Carla Bruni est restée relativement en retrait. Et leur fille, Giulia, née fin 2011, est peu apparue depuis sa naissance.

« Vus à la télé »

Les conséquences de cet étalage de la vie de famille et la vie privée ont participé de la désacralisation de la fonction politique. Dans les journaux people, toutes les stars sont mélangées. Les « vus à la télé » sont traités sous l'angle de l'intimité sans exception ou égard particulier pour leur art ou leur activité. En résulte un nivellement par le bas : on n'est plus star de la chanson, vedette du music-hall ou de la danse, ni étoile montante de la politique, mais star tout court. Tout le monde est rangé au même niveau, politiques compris. Le marronnier préféré de la presse people, chaque été : les stars en maillot de bain sur la plage. Le 7 août 2006, *Closer* franchit le pas et met en une Ségolène Royal en maillot turquoise coiffée d'une casquette bleu marine. C'est la première fois qu'une politique trône en couverture dans cette tenue au milieu d'autres vedettes en vogue. En pages intérieures, l'hebdo people titre « Et dire qu'elle a 53 ans ! » « Quand on tente cette une, je ne suis sûre de rien », se souvient Laurence Pieau, la directrice de la rédaction. « On la met en couverture mais au milieu d'autres stars. On a beaucoup parlé de cette une, y compris à l'étranger. Et en effet, ça a un peu ouvert la brèche. »

Après guerre, la presse people se résumait à deux titres : *Ici Paris* et *France Dimanche.* Puis *Point de vue – Images du monde,* consacré aux têtes couronnées, est apparu dans les années 1950. À cette époque, les photos se négocient généralement avec les personnes concernées, avant publication. C'est l'exception française, quand outre-Manche, notamment, les tabloïds versent dans le trash sans états d'âme. Dans les années 1980, le succès de *Voici,* lancé en France par le groupe Prisma et calqué sur un modèle de presse allemand, s'appuie sur des méthodes beaucoup plus agressives : les photos sont volées, à l'insu des personnalités, qui tentent parfois d'empêcher leur publication. Mais la ligne tracée par Axel Ganz, le patron de Prisma, est claire : pas question de couvrir les politiques. Le journal se limite aux personnalités du gotha et du show-business. Face aux procès à répétition et à une certaine lassitude des lecteurs, *Voici* adoucit sa ligne éditoriale à la fin des années 1990. La presse people se diversifie ensuite, avec un ton plus positif ou humoristique et des titres low-cost. Le people cartonne. Très relayé par la télévision et les réseaux sociaux, il occupe progressivement une place de plus en plus importante dans l'information. Au cours de la décennie 2000, les investissements publicitaires bruts dans la presse people ont presque triplé, passant de 50 à plus de 140 millions d'euros par an.

Juteuses révélations

Né en juin 2005, *Closer* s'est positionné fortement sur le créneau politique. Plus dans la révélation scandaleuse que *Paris Match* ou *VSD*, l'hebdomadaire se distingue ainsi de ses concurrents directs de la presse people : *Voici*, *Public* ou *Gala*. Désormais les affaires de cœur, les séparations, les naissances et les amant(e)s des politiques sont traqués avec le même soin que ceux des rois et des reines de la planète. Les coulisses de la politique sont rapportées elles aussi. Potins sur les inimitiés entre ministres, classement sur leur look... Le politique est désormais un people comme les autres. « Sur ce créneau, nous avons une crédibilité, estime Laurence Pieau. Nous sommes ceux qui avons pris le plus de risques. »

Le 10 janvier 2014, Closer franchit une nouvelle étape en publiant des photos révélant l'idylle, dont le Tout-Paris bruisse depuis des semaines, entre l'actrice Julie Gayet et le président de la République, François Hollande. Un président de la République « paparazzé » comme un vulgaire people, c'est une première. Les ventes papier du magazine sont multipliées par deux. Les quatre premières couvertures consacrées à l'affaire ont vu leur diffusion augmenter en moyenne de 58 %. En l'espace de trois numéros, le magazine écoule 1,6 million d'exemplaires. Une aubaine pour *Closer* dont les ventes papier, comme celles de ses concurrents, s'érodent.

Le créneau des politiques fait vendre. En 2006, la semaine où Ségolène Royal se retrouve en une en maillot de bain, *Closer* se vend à 650 000 exemplaires. À cette époque, la diffusion papier se porte encore bien, autour de 500 000 exemplaires en moyenne par semaine. « Il y avait aussi Claire Chazal seins nus sur la couverture et trois ou quatre autres personnes, donc c'est compliqué d'attribuer les ventes à Ségolène Royal. En revanche, ça a beaucoup fait parler », reconnaît Laurence Pieau. Quelques années plus tard, François Hollande est photographié avec sa compagne de l'époque, Valérie Trierweiler, sur une plage également. Cette fois le magazine s'arrache à 750 000 exemplaires. À l'heure où Internet concurrence fortement la presse people et où les chiffres de vente sont en recul, celle-ci n'a jamais eu autant besoin des politiques pour vivre.

La presse traditionnelle elle-même est allée très loin sur le terrain de la « peoplisation » des politiques. « Dans les années 2000, les news magazines sont devenus une vraie source d'information pour nous », souligne Laurence Pieau. Quand *Paris Match*, *Voici* ou *Closer* publient un scoop people sur un(e) politique, il est immédiatement repris par l'ensemble des médias. Dans les débuts de l'idylle entre Carla Bruni et Nicolas Sarkozy, le patron de *L'Express*, Christophe Barbier, va confirmer personnellement certaines informations faisant valoir son amitié avec l'ex-mannequin. Au grand bénéfice de son magazine. Le numéro du 14 février 2008 avec la première interview de Carla Bruni en tant qu'épouse du président en couverture a battu des records de vente : le journal a retiré le numéro à 100 000 exemplaires et a dépassé les 200 000 exemplaires vendus en kiosque. Le record remontait au décès de François Mitterrand en janvier 1996 (191 000 exemplaires). Avec les abonnements, ce numéro a dépassé les 600 000 exemplaires vendus. À partir de 2007, de plus en plus d'articles des magazines généralistes sur la politique privilégient l'aspect affectif. Sous prétexte de donner vie aux récits, des éléments intimes sont distillés dans les pages politiques. Dans l'affaire Hollande-Gayet, après les révélations de *Closer*, trente-deux unes ont été consacrées au sujet dans les trois semaines qui ont suivi, toutes catégories de presse confondues.

Banalisation

Juste retour des choses ? Les politiques pouvaient-ils espérer que, derrière la photo de famille officielle affichée pour engranger des voix, personne n'irait jamais « gratter » ? En tout cas, la presse people s'est banalisée. En décembre 2014, même le héraut du Front de gauche, Jean-Luc Mélenchon, accorde une interview à *Closer*. Il y tacle l'« entre-soi cruel et vaniteux » des médias classiques, proclame « je suis un rebelle » et affirme qu'il « désapprouve » la presse people. « Je joue avec vous car je ne vais rien dévoiler de ma vie privée », prévient-il. Il ne se prive pas pour autant d'une interview avec les journalistes du magazine. Avec *Closer*, Jean-Luc Mélenchon a l'occasion de s'adresser à un lectorat majoritairement féminin d'environ trois millions de personnes pour la version papier, plus de quatre millions de téléchargements mobiles et près de trois millions sur Internet. L'air bravache, mais néanmoins consentant, Jean-Luc Mélenchon se glamourise.

Certains y goûtent en affichant une grimace de façade, mais ils sont encore nombreux à jouer le jeu de la confidence intime, en particulier concernant les enfants. Désormais, la personnalisation de la vie politique a pris le pas sur le collectif, le programme, la vision. Le tempérament et le caractère, la personnalité d'un homme ou d'une femme politique, comptent plus que ses idées. Dans cette logique, la vie privée le révèle tout autant que son action publique. « Quand Valérie Pécresse raconte qu'elle court entre ses enfants, son job de ministre et qu'elle profite du coiffeur de l'Assemblée pour se refaire faire son brushing car elle a les cheveux qui frisent, elle sait que ça va être repris. Je me souviens même d'un zapping, sur Canal +, où on la voyait lire *Closer* avec Roselyne Bachelot en Conseil des ministres », se rappelle Laurence Pieau.

Marine Le Pen a toujours veillé à ne pas mettre en scène sa vie privée. Le souvenir de l'étalage « sordide », selon ses termes, lors du divorce entre son père, Jean-Marie Le Pen, et sa mère, Pierrette, en 1987, ou encore les photos de sa mère posant nue à la une du magazine *Playboy*, fonctionnaient comme une sorte d'antidote chez la candidate FN. Pourtant, en 2012, en marge d'un meeting à Lille, elle se laisse photographier par *Paris Match*, en couple avec son compagnon, Louis Aliot, qui lui tient tendrement le menton. Et, en novembre 2014, elle se livre à moult confidences, toujours dans *Paris Match*, sur sa vie de maman depuis son déménagement du fief familial de Montretout à une maison à Saint-Cloud : « J'essaie enfin de faire semblant de vivre normalement. Jusque-là, j'avais ma mère à mes côtés, qui a beaucoup fait pour les enfants. Je n'aurais jamais pu être absente comme je l'ai été si elle n'avait pas été là. Lorsque j'ai commencé à prendre des vraies responsabilités dans le mouvement, en 2002, Jehanne avait quatre ans, et les jumeaux, Louis et Mathilde, trois ans. Aujourd'hui, ils ont grandi, je peux m'organiser différemment. » Et que fait une maman lambda par rapport à ses enfants ? Elle culpabilise bien sûr… L'article confie que Marine Le Pen ressent « souvent » de la culpabilité vis-à-vis d'eux. En plein travail (et interview) un vendredi, elle explique encore : « Deux de mes enfants sont en internat et rentrent pour le week-end. Je veux être là quand ils arriveront à la maison. » L'image de Mme Tout-le-monde ne tarde pas à faire surface. « Je me réserve maintenant, quoi qu'il arrive, une journée par semaine avec Louis et les enfants. Faire des courses, aller au cinéma, rester à la maison, dîner ensemble, des choses simples », apprend-on. Si les enfants n'apparaissent pas à l'image, leur mère n'hésite plus à parler d'eux.

La télé n'a rien à envier à la presse écrite. Sur le petit écran, les politiques n'hésitent pas à céder aux sirènes de la fameuse téléréalité sous prétexte de se rapprocher des familles françaises. Même quand le mensonge est érigé en concept d'émission. Le 15 décembre 2014, la chaîne D8 lance une nouvelle émission de téléréalité baptisée *Politiques Undercover*. Le programme met en scène des politiques grimés, devenus méconnaissables, afin de vivre le quotidien de Français lambda. Samia Ghali, secrétaire nationale socialiste à la politique de la ville et au logement, endosse, par exemple, le rôle d'une maman de deux enfants, célibataire, à la recherche d'un appartement à Marseille. Quand *Le Parisien* révèle le contenu de l'émission à la rentrée, la polémique enfle, certains jugeant que les politiques n'ont rien à faire dans ce type de programme. Symptôme d'une certaine lassitude face à ces grossiers procédés ? Les téléspectateurs ont finalement tranché et boudé l'émission : au plus fort de la courbe d'audience, elle ne rassemble que 610 000 personnes devant la chaîne de la TNT.

Un précédent sur TF1, baptisé *36 heures*, avait déjà provoqué la polémique en 2003. Le concept consistait à immerger un politique dans une famille française pendant trente-six heures. Jean-François Copé, porte-parole du gouvernement, avait accepté de participer avant de se rétracter. Le Premier ministre, Jean-Pierre Raffarin, avait mis son véto à la participation des membres de son gouvernement et le programme n'avait jamais vu le jour. Sans compter les talk-shows où les politiques expérimentent aussi les limites du mélange des genres. En cédant aux sirènes du « people », les politiques ont compromis leur statut et leur fonction.

« Peoplisation » en 140 signes

Avec les réseaux sociaux, la mise en scène des enfants n'a plus besoin d'un quelconque médiateur. À l'heure où tout un chacun dévoile sa vie privée en ligne, les politiques suivent volontiers le mouvement. Ainsi, Benoît Hamon n'hésite-t-il pas à jouer le *working dad* sur Twitter. Au milieu de tweets sur une interview chez Jean-Jacques Bourdin ou pour annoncer un meeting pour les élections départementales, il tweete ses dialogues avec sa fille, prénommée Liv, avec parfois des clins d'œil à l'actualité. Ainsi Le 6 février 2015 : « Moi à ma petite "t'es Elsa ou Anna dans la reine des neiges ?" » Elle : « "j'suis Olaf" #genrebonhommedeneige ». Puis, de nouveau, le 26 février 2015 : « Comment dois je prendre ça ? Ma fille, 3 ans : "papa, t'es pas un vieux croûton, t'es un jeuuune croûton !" »

Le 16 mai 2012, lorsqu'il est nommé ministre délégué à l'Économie sociale et solidaire et à la Consommation, il tweete : « Moi à ma fille : "alors t'es contente ?" » Elle : « "oui j'ai des chaussures rouges, tu vas voir, elles sont très belles" #auboulot. » Le 13 décembre 2012 : « Ma fille toute pâle et se tenant le ventre ce matin : "papa, j'ai une gastronomique..." » Ou encore, le 22 décembre 2014 : « Moi à ma dernière fille, nez à nez avec un petit mec : "celui là, tu lui as tapé dans l'œil". » Elle, sévère : « "non j'l'ai pas tapé çui là". » Lors de la finale de l'émission *The Voice*, au printemps 2015, l'ancien ministre socialiste remet sa fille dans la boucle : « Voilà, grâce à *The Voice*, ma fille dit qu'elle est tellement déçue qu'elle ne peut pas dormir. Si c'est pas malin ça comme stratagème. » Pour être au diapason de cette émission familiale diffusée en prime time le samedi soir ? Ou attendrir la ménagère de moins de cinquante ans ? Mystère...

Grâce au petit oiseau bleu, les « enfants de » des politiques n'ont même plus besoin de leurs parents pour se mettre en scène. Ils s'affrontent et refont le match à coups de tweet-clash repris en boucle par les tweetos. Tout un univers qui gazouille en rond. Louis Sarkozy, seize ans, croise le fer depuis son école militaire en Pennsylvanie avec Léonard Trierweiler, dix-huit ans, apprenti cuisinier à l'école française de gastronomie Ferrandi. En décembre 2014, Louis S. tweete-t-il une couverture de *VSD* où Valérie Trierweiler est qualifiée d'« emmerdeuse » ? Léonard T. réplique avec la une du magazine *Marianne* sur Nicolas Sarkozy titrée « Le voyou de la République », accompagné de ce texte : « Entre une mère emmerdeuse ou un père voyou en une, mon choix est vite fait... ! » Depuis l'été 2014, ces deux-là bataillent et testent leur répartie avec comme principal sujet leurs parents. Comme en octobre, où Léonard T. lance : « C'est tata Nadine [Morano, ndlr] qui écrit tes tweets pour être si arrogant et nul en français @sarko_Junior ? » Réplique de Louis S. : « Au moins ce n'est pas ta mère... on sait tous qu'elle a peu d'expérience dans le sujet. » Avec l'épisode du tweet de Valérie Trierweiler soutenant Olivier Falorni, contre Ségolène Royal, lors des élections législatives de juin 2012, la présidence de François Hollande, qui se voulait « normale » et moins paillettes que celle de Nicolas Sarkozy, a basculé dès les premiers instants dans la « peoplisation ».

Quant à Léonard Trierweiler, c'est *via* Twitter qu'il dément un article de l'hebdomadaire *Valeurs actuelles* affirmant qu'il logeait toujours à l'Élysée malgré le départ de sa mère. Le 24 octobre 2014, il tweete : « J'ai même croisé Mazarine Pingeot hier soir en allant me coucher @Valeurs. Je vous laisse, le Président arrive pour me border ! » Son humour lui vaudra la sympathie d'une partie des tweetos. De Twitter à la téléréalité, pour un « fils de », il n'y a qu'un pas. Face à son début de célébrité, M6 lui a proposé de participer à l'émission *Top Chef*, ce qu'il affirme avoir refusé ayant, encore, « beaucoup de choses à apprendre ». Fin avril 2015, le jeune homme, qui vient d'avoir dix-huit ans, finit par accorder une interview à Clique.tv, la Web TV de Mouloud Achour, qui appartient à Canal +. Il s'exprime sur sa vie à l'Élysée, l'affaire Julie Gayet (« l'important, c'était ma mère »), François Hollande (« un mec trop normal »), mais reste très prudent. Pas de scoop, ni de phrase choc (« la première fois que je l'ai vu, il nettoyait notre piscine », lâche-t-il, toujours à propos de François Hollande), ni de confidences intimes. Et pourtant, *Libération*, *Le Figaro*, *Marianne*, *L'Obs*, *Le Point*, etc., toute la presse dite « sérieuse », relaient le non-événement. Qui a même droit à une dépêche de l'AFP qui titre sur une information capitale : si Hollande se représente en 2017, Léonard Trierweiler votera pour lui.

Des enfants mis en scène pendant une campagne électorale mal embarquée, exposés sous l'œil des photographes pour donner l'image d'une famille unie, intégrés à un plan com' pour « humaniser » leur parent… L'instrumentalisation de la famille est allée tellement loin que les juges désormais en tiennent compte. La loi française est particulièrement protectrice concernant la vie privée. Chaque année, des stars obtiennent des sommes conséquentes en attaquant certains titres. 12 000 euros de dommages et intérêts pour Valérie Trierweiler, 15 000 pour Julie Gayet, 20 000 pour Florian Philippot lorsque *Closer* l'a « outé »… Des avocats se sont spécialisés sur ce créneau, tant le business est juteux. La loi française sur la liberté de la presse, adoptée en 1881, ne contient aucune ligne visant à protéger la vie privée des politiques. Elle appartenait alors aux secrets d'alcôve que les journalistes ne dévoilaient pas au grand public. Autre époque, autres mœurs. Le 17 juillet 1970, après l'affaire Markovic qui a ébranlé la présidence Pompidou, le Parlement vote la première loi sur la protection de la vie privée – l'article 9 du code civil proclame : « Chacun a droit au respect de sa vie privée ». Grâce à la jurisprudence qui a suivi, la protection est particulièrement forte en France, bien plus que dans la plupart de ses voisins européens.

Mais la jurisprudence européenne a depuis évolué. La Cour européenne des droits de l'homme (CEDH) considère, depuis le début des années 2010, que protéger la presse people est une façon de garantir la protection de la presse traditionnelle aussi, notamment dans des arrêts concernant la vie privée de la famille de Monaco. Elle a aussi estimé que si un personnage public décide de médiatiser sa vie privée, notamment s'il expose sa vie de famille pour se faire élire, il renonce à une partie de sa protection et ne peut reprocher à un journaliste d'en parler. La vie politique se peoplisant, la protection de la vie privée s'amoindrit pour laisser la place à un droit du public à l'information et une liberté de la presse renforcés. En particulier si cette information relève de l'intérêt général. Le personnel politique aux responsabilités est donc directement concerné. L'instrumentalisation des enfants et conjoint(e)s a eu pour effet de faire bouger les lignes jusque dans la loi et de réduire la protection juridique de la vie privée.

5

Dynasties et népotisme

Dans l'histoire du FN, le 1er mai 2015 restera une date clé. Celle où le chef fondateur du parti d'extrême droite aura tenté un dernier baroud d'honneur contre sa fille, sur le point de l'évincer définitivement. En ce jour de fête du Travail, le rituel des militants frontistes consiste à célébrer la naissance de Jeanne d'Arc et à orchestrer une démonstration de force dans le quartier de l'Opéra, à Paris. Cette année-là, les militantes féministes des Femen se sont invitées à la fête, narguant, depuis un balcon de l'hôtel Intercontinental, porte-voix et banderoles à l'appui, l'assemblée venue applaudir la présidente du FN. Elles ne furent pas les seules à semer le désordre. Jean-Marie Le Pen avait, lui aussi, décidé de jouer les trublions. Sans prévenir, il monte à la tribune en veste de chasse rouge, les bras grands ouverts en forme de V, signe de la victoire, poings serrés et expression de défi provocatrice, afin de se faire acclamer par la foule.

Derrière son pupitre, sa fille rit jaune. Car le père fondateur du Front national, depuis sa création en 1972, n'est soudain plus le bienvenu dans ses rangs. Sa benjamine, Marine, qui a pris les rênes du parti en 2011, ne veut plus de ce père encombrant aux déclarations hors de contrôle. Quelques jours auparavant, le président d'honneur avait renouvelé des propos minorant la Shoah sur l'antenne de la radio BFM, puis dans une interview à l'hebdomadaire d'extrême droite, *Rivarol*. Jean-Marie Le Pen, père autrefois applaudi, est devenu particulièrement gênant. Sa fille a adopté une ligne tout aussi populiste mais qu'elle voudrait nettoyée de ses aspérités racistes et antisémites. Une condition, pense-t-elle, pour gagner. Si elle veut faire mieux que son géniteur, Marine en est persuadée, elle doit tuer le père. À deux ans de la présidentielle, le moment est venu. Deux jours plus tard, le bureau exécutif du FN suspend le statut d'adhérent du président d'honneur, titre honorifique que Jean-Marie Le Pen avait conservé. Décision ô combien symbolique ! Jean-Marie Le Pen est l'homme qui a fait bondir les scores du FN, jusqu'à s'inviter au second tour en 2002. Marine souhaite tourner la page. Mais il n'est pas simple d'exclure celui qui a créé un parti et une des dynasties les plus médiatisées de la politique française.

En quarante ans d'existence, le Front national a connu deux présidents, tous deux issus de la même famille. Son étoile montante n'est autre que la nièce de Marine Le Pen, Marion Maréchal-Le Pen, élue, à vingt-deux ans, députée dans le Vaucluse en 2012. Jean-Marie Le Pen a insisté pour qu'elle se présente. Désormais, le FN compte trois générations dans ses rangs. « La politique peut être génétique comme peuvent l'être les arts ou la musique. Cela prouve que c'est une bonne race. Ceux qui nous accusent de népotisme sont des imbéciles », déclare à l'époque Jean-Marie Le Pen, en marge d'un meeting dans le Vaucluse, le 3 juin 2012. Il est venu personnellement soutenir la candidature de sa petite-fille. La dimension dynastique est constitutive de l'histoire du FN. Parfois même, le terme de « secte familiale » a été employé pour désigner un parti où la famille a toujours été étroitement liée au destin politique du patriarche. Une donnée connue qui ne semble pas choquer ses électeurs. Le parti a remporté un succès sans précédent dans les urnes aux élections européennes de mai 2014 et aux départementales de mars 2015. Son caractère dynastique pourrait heurter un électorat conquis en grande partie dans les territoires les plus touchés par la crise. Le FN mise désormais à plein sur les voix des milieux populaires : peut-il s'afficher comme un parti d'héritiers où les titres se transmettent par le fait du prince ?

C'est sans compter qu'à l'extrême droite le culte du chef fait partie du décor. Qui est le mieux à même d'incarner et de perpétuer ses valeurs si ce ne sont ses enfants eux-mêmes ? En l'occurrence, trois filles, que Jean-Marie Le Pen a très tôt mises en scène au cours de sa carrière. Dès le début des années 1980, à peine adolescentes, elles font systématiquement des apparitions publiques dans les meetings, à la télévision ou dans la presse aux côtés de leur père. Une façon d'envoyer un message politique pour montrer que la famille fait partie du programme. Et en 1992, Jean-Marie Le Pen pose avec sa petite-fille, Marion Maréchal-Le Pen, âgée de trois ans, sur son affiche de campagne pour les élections régionales Provence-Alpes-Côte d'Azur avec le fameux slogan « La sécurité... première des libertés ».

À cette époque, les Le Pen sont une famille unie. Le divorce avec Pierrette n'interviendra officiellement qu'en 1987. Une famille apte à plaire aux militants du parti, pour beaucoup issus des milieux catholiques traditionnels et intégristes. Côté politique aussi, la famille est à l'unisson. « Il y avait une très grande unanimité politique de la famille. L'emprise du père était totale sur la manière de penser de ses filles. Tout le monde était sur la même ligne, riait des mêmes plaisanteries, personne à ce moment-là ne semblait effarouché par quoi que ce soit. Ses filles ont fait bloc lors de la controverse sur les tortures en Algérie en 1985. À ce moment-là, personne ne s'interrogeait sur son rôle, il n'y avait aucune question », se souvient Lorrain de Saint Affrique, conseiller en communication du leader du Front national entre 1984 et 1994. Jean-Marie Le Pen, soupçonné d'avoir pratiqué la torture durant cette guerre, intentera procès sur procès contre ceux qui relaient l'accusation. Parfois débouté, le leader du FN en gagnera certains à la fin des années 1980.

Par la suite, Jean-Marie Le Pen va lancer ses filles dans l'arène politique, pour contrer des adversaires que le leader du FN souhaite faire battre. Lors des législatives de 1988, l'aînée, Marie-Caroline, est présentée dans la circonscription du VIIe arrondissement de Paris contre un ancien candidat frontiste, Édouard Frédéric-Dupont, qui chercha un temps à jouer un rôle charnière entre le FN et le RPR avant de se rallier à Jacques Chirac. Malgré cette candidature lepéniste, celui-ci sera réélu sans problème dans sa circonscription. La même année, pour sa première campagne électorale, Marine est, elle aussi, instrumentalisée par son père. Celui-ci veut contrer Bernard Pons, suspecté d'œuvrer contre un rapprochement entre le FN et le RPR. Il lance sa troisième fille, âgée alors de vingt-quatre ans, dans la campagne dans la seizième circonscription parisienne contre le député gaulliste. Le baptême du feu tourne court. Bernard Pons sera élu au premier tour avec plus de 63 % des voix.

Le jeu politique plaît à l'aînée de la famille, moins à Marine, la benjamine. À l'adolescence, elle parle de devenir commissaire de police, puis lorgne du côté du droit. La cadette des filles Le Pen, Yann, devient salariée du parti sans se lancer en politique. Mais les vies personnelles des trois sœurs sont aussi happées par le parti. Elles y trouvent leurs compagnons. Marie-Caroline épouse d'abord un élu frontiste du Nord, avant de rencontrer Philippe Olivier, qui deviendra un proche de Bruno Mégret. Yann épouse Samuel Maréchal, alors qu'il est directeur du FN de la jeunesse. Les deux premiers maris de Marine, Franck Chauffroy, Éric Iorio, ainsi que son compagnon actuel, Louis Aliot, sont tous issus des rangs frontistes. L'entre-soi a toujours été fort dans un parti qui cultive la paranoïa et où l'image du père ne facilite pas les relations avec le monde extérieur. Par confort, on finit par y trouver chaussure à son pied. Par obligation peut-être aussi car le patriarche laisserait-il le clan se dissoudre ? Marie-Caroline en a fait l'amère expérience.

Le Pen, « père soixante-huitard »

En vérité, la famille modèle ne l'a jamais vraiment été. Souvent absent, « Jean-Marie a été le père le plus soixante-huitard que je connaisse », résume Lorrain de Saint Affrique. Permissif, il accorde une grande liberté à ses filles, à condition qu'elles ne posent aucun problème qui puisse nuire à sa carrière. Après le divorce avec sa première femme, Pierrette, les trois sœurs, et surtout les deux plus jeunes, sont encore davantage livrées à elles-mêmes. La cellule familiale commence à se déliter, d'autant que Pierrette fait des siennes et pose en une du magazine *Playboy*, en tenue de soubrette, histoire de provoquer Jean-Marie... Ambiance. La famille modèle vole alors en éclats. Puis le reniement de Marie-Caroline porte un nouveau coup à l'union familiale. À l'époque, la succession n'est pas encore une préoccupation majeure au FN, qui n'a qu'un seul chef, Jean-Marie Le Pen. Lequel ne supporte pas les trahisons. Lorsque Marie-Caroline se rallie au mouvement de Bruno Mégret en 1998, il ne le lui pardonnera jamais. « Je n'ai plus de fille aînée », répond-il encore aujourd'hui aux journalistes qui l'interrogent sur le sujet.

C'est pourtant en elle qu'il plaçait tous ses espoirs politiques. En 1997, il vient la soutenir à Mantes-la-Jolie où elle est qualifiée pour le second tour des législatives. Et ne rate pas l'occasion d'une démonstration de force. Il s'en prend physiquement à Annette Peulvast-Bergeal, candidate socialiste en lice, qui sera mise en arrêt de travail trois jours. Le patriarche, lui, écope d'un an d'inéligibilité. Hors de question de se mettre en retrait. Interdit d'élection, il envisage de lancer sa nouvelle compagne, Jany, dans la course aux européennes de 1999. Le tour de passe-passe vise à garder le pouvoir, alors que la dissidence prend de l'ampleur. Cet acte de népotisme précipite Marie-Caroline dans le camp de Bruno Mégret, parti fonder le Mouvement national républicain (MNR), et le FN dans la plus grave crise de son histoire. Jean-Marie Le Pen ne renouera jamais avec sa fille aînée.

Avec Marine, l'histoire est différente. Son tempérament est proche de celui de son père. « Il y avait une forme de reconnaissance du double dans le miroir », se souvient Lorrain de Saint Affrique. Le patriarche multipliait les voyages. Marine devenue étudiante, c'est à elle que son père confie les clés de la maison de famille, à Montretout, lorsqu'il est absent. La confiance est installée. Marine se lance dans des études juridiques, à Assas, ce qui ne déplaît pas à un père ultra-procédurier. À partir de la fin des années 1990, elle est embauchée comme juriste par le FN, couvée par Jean-Marie. Commence alors une ascension qui concurrence directement le numéro 2 du parti, Bruno

Gollnisch. C'est elle qui l'emportera, avec l'aval ambivalent de son père. Tout en la laissant progressivement prendre le pouvoir, il ne cesse de lui envoyer des piques et aime l'affubler de sobriquets dégradants : « petite bourgeoise », « jolie pouliche »... Lorsque Marine remporte ses premiers succès électoraux, il est ravi de soutenir la montée en puissance de sa nièce Marion Maréchal-Le Pen, sa préférée parmi ses petits-enfants. Et surtout, parfaitement alignée sur les idées de son grand-père quand Marine, elle, tente d'élargir la base de son électorat.

C'est que Jean-Marie Le Pen a bien du mal à ne plus s'imaginer maître à bord. « Je pense qu'il doit considérer que, pour l'époque, Marine Le Pen peut faire l'affaire car le niveau d'exigence est très faible en politique. Mais je suppose qu'il doit aussi penser qu'elle n'est pas capable d'être à la tête d'un exécutif important. Pas à la hauteur d'une présidence de la République, en tout cas », estime Lorrain de Saint Affrique. La dynastie Le Pen se déchire donc en public. Et tant qu'à faire, autant assumer, et en grand... Lors d'un déplacement aux États-Unis en mai 2015, interrogée par l'hebdomadaire *Newsweek* sur ses différences avec sa nièce, Marine Le Pen affirme que le FN « est comme une affaire de famille, comme les Bush, les Kennedy ». « Alors les Le Pen sont comme des Kennedy français ? », renchérit le magazine américain. « Un petit peu », répond la patronne du FN en riant. La comparaison sera beaucoup reprise et longuement commentée sur les réseaux sociaux en mai 2015. Drôle de dynastie où le père, Jean-Marie Le Pen, dit avoir « honte » que la présidente du Front national porte son nom et suggère à sa fille de « se marier avec son concubin » ou avec le vice-président, Florian Philippot, incarnation d'une ligne politique qu'il déteste. Une répudiation en bonne et due forme. Sauf que, cette fois, l'ancien chef est hors jeu dans son propre camp. En bonne héritière, sa fille a beaucoup appris de lui : aplomb, intonations, formules rhétoriques... et une certaine façon de déchoir les personnes gênantes. La mise à l'écart de son père fait écho à celle de sa sœur aînée quinze ans auparavant. Il reste à Jean-Marie Le Pen à compter les trahisons : Pierrette, Marie-Caroline et, enfin, Marine. Peut-être la dernière. À moins que ce ne soit Marion Maréchal-Le Pen la vraie héritière : combien de temps celle-ci continuera-t-elle à incarner les mêmes idées que son grand-père ?

Qu'un parti autoritaire organise une succession aristocratique, rien d'extrêmement surprenant. C'est une excellente manière pour le chef de ne jamais quitter la scène, de continuer à peser non plus sur les décisions au jour le jour, mais au moins sur son destin. Aucun des numéros 2 du FN, ni Bruno Mégret ni Bruno Gollnisch, n'a jamais eu sa chance de devenir calife à la place du calife. Du côté de l'Italie aussi, l'extrême droite est affaire d'héritiers. Le leader du Mouvement social italien (MSI) depuis 1987, Gianfranco Fini, eut longtemps des différends avec les descendants de Mussolini et les héritiers de l'ancien leader, Giorgio Almirante, qui lui avait transmis le pouvoir. Le clan frontiste n'est pas une exception mais cette logique dynastique a des conséquences. Elle participe du manque de cadres, de professionnels de la politique et d'experts au sein du FN. Seul un Florian Philippot, le vice-président, incarne ce type de profil mais il est extrêmement critiqué en interne. Ce qui pose problème au moment d'élaborer un programme ou une ligne politique.

Suffrage universel

Mais les dynasties politiques ne se limitent pas à l'extrême droite, loin de là. Les familles structurent la vie politique dans son ensemble. Ces « dynasties électives » ou « dynasties républicaines », comme on les appelle encore, sont portées au pouvoir, de génération en génération, malgré la sanction du suffrage universel. Si aucun « fils de » ni aucune « fille de » n'a succédé à l'un de ses parents pour un mandat de président de la République ou de Premier ministre sous la Ve République, il n'en va pas de même localement : mairies et circonscriptions continuent de se transmettre de père en fils ou fille.

Dans une étude du Cevipof sur les députés parue en septembre 2011, le chercheur en science politique, Luc Rouban, explique que la longévité au poste de député est étroitement liée au fait d'appartenir à une famille politique, voire à un clan familial qui se perpétue dans la même circonscription pendant plusieurs générations. Ainsi, seulement 6 % des députés n'ayant fait qu'un seul mandat s'inscrivaient dans ce type de schéma familial. Contre 12 % de ceux qui avaient fait sept ou huit mandats et 28 % de ceux qui en avaient fait plus de neuf. Dans cette dernière catégorie, on trouvait Jacques Barrot, le baron de la Haute-Loire, élu pour la première fois en 1967, alors qu'il n'était que conseiller municipal de la ville d'Yssingeaux, à la suite du décès de son père en cours de mandat, Noël Barrot. Aujourd'hui, son fils, Jean-Noël Barrot, docteur en finance âgé de trente et un ans, se lance lui aussi en politique : il a été élu conseiller départemental en mars 2015 dans le canton d'Yssingeaux, sur la liste d'une grande fidèle de son père, Madeleine Dubois. La succession a du piquant puisque Jacques Barrot, décédé fin 2014, a chaperonné Laurent Wauquiez, secrétaire général de l'UMP et toujours maire du Puy-en-Velay, à ses débuts. Le fils spirituel voit d'un mauvais œil la dynastie familiale se reconstituer et se perpétuer. En Auvergne, la dynastie Barrot côtoie celle des Giscard d'Estaing, puisque Louis, fils de Valéry, est toujours maire de Chamalières.

On pourrait citer également Pierre Méhaignerie, député-maire de Vitré, en Ille-et-Vilaine, élu sans discontinuer entre 1973 et 2007, héritier d'un fief centriste : son grand-père, Alexis Méhaignerie, était conseiller général du canton de Vitré-Est et maire de Balazé, avant que son père occupe les mêmes fonctions. *Idem* en Corse, pour les Rocca-Serra, toujours aux commandes : Camille a succédé à son père Jean-Paul à la mairie de Porto-Vecchio. Son grand-père, également appelé Camille, y avait déjà été élu en 1921. Les trois générations se sont aussi succédées au poste de conseiller général de canton. Pas très loin, à Marseille, ville où l'État est traditionnellement mois fort, ils sont nombreux à avoir hérité de leurs mandats, dans cette tradition familiale et népotique classique de la vie politique marseillaise : Jean-Noël Guérini, Christophe Masse, Félix Weygand ou Sylvie Andrieux. En région parisienne, les exemples ne manquent pas non plus : les Poniatowski dans le Val-d'Oise, les Ceccaldi-Raynaud à Puteaux (la fille a été désignée maire en 2004 après la démission de son père pour raisons de santé), les Dominati ou les Tiberi à Paris... Dans le Nord, Francis Decourrière, élu de Valenciennes, est le pygmalion de la droite locale. Chaperon de Jean-Louis Borloo, sa fille, Valérie Létard, est sénatrice du Nord et a été secrétaire d'État dans le gouvernement de Jean-Pierre Raffarin. Certaines filiations se soldent donc par une promotion sociale. Le député des Pyrénées-Atlantiques puis maire de Biarritz, Bernard Marie, vit sa fille, Michèle Alliot-Marie, lui succéder localement puis devenir ministre de la Défense, de l'Intérieur, de la Justice et des Affaires étrangères. Et si l'on descend dans les profondeurs de nos territoires, les transmissions sont un classique du genre. Un exemple parmi beaucoup d'autres, à Loos-en-Gohelle, petite ville de 6 000 âmes près de Lens, le maire écolo, Jean-François Caron, a succédé à son père et son grand-père. Les cas sont légion et dans toutes les régions de France, les électeurs votent d'abord pour un nom. Car les scrutins pour porter au pouvoir des maires, députés ou conseillers généraux, sont très personnalisés. Localement, les élus effectuent un travail de terrain, nouent des réseaux et peuvent ensuite transmettre le prestige accumulé à leur enfant sur la foi de leur patronyme.

Les partis politiques sont censés contrebalancer le phénomène dynastique en faisant émerger de nouveaux candidats issus du militantisme. À gauche, cette trajectoire est plus forte qu'à droite où les dynasties sont traditionnellement plus présentes. La professionnalisation de la politique progresse. Les mouvements de jeunes, notamment, font monter des profils diplômés, qui ont appris la politique dans leurs rangs. Certaines dynasties, d'ailleurs, finissent par se faire battre. Les Zuccarelli, qui détenaient la mairie de Bastia depuis plusieurs décennies, ont dû tourner une page après l'échec d'Émile Zuccarelli aux municipales de 2014. Longtemps, sur les rives de la Garonne, la dynastie Baudis a rivalisé avec la dynastie Baylet. La première a été stoppée par la défaite de Dominique Baudis à Toulouse aux municipales de 2008. La seconde a subi un coup d'arrêt avec l'échec de Jean-Michel Baylet dans le Tarn-et-Garonne aux départementales de mars 2015. L'obligation toute nouvelle, lors de ce scrutin, de présenter une tête de liste paritaire a contribué à pousser le baron local vers la sortie. Mais encore faut-il que les partis soient attractifs, ce qui dépend fortement de la dynamique politique nationale. Et sachant que les personnes âgées sont les électeurs les plus fidèles aux urnes, les dynasties politiques ont encore de beaux jours devant elles.

À l'étranger, la tendance est la même : les familles dominent la vie politique. 57 % des 650 membres du cinquante-cinquième parlement du Royaume-Uni (dont les fonctions ont pris fin en mai 2015) étaient reliés à un député en place ou un ancien député. Le plus jeune Premier ministre de l'histoire de la Belgique, Charles Michel, est le fils de l'ancien vice-Premier ministre, Louis Michel, aujourd'hui député européen. En Grèce, trois clans se sont partagé le pouvoir au cours des dernières décennies : les Papandréou, Karamanlis et Mitsotakis. Et sont aujourd'hui montrés du doigt pour leur mauvaise gestion du pays. Et que dire des États-Unis ? La présidentielle de 2016 devrait voir s'affronter Jeb Bush, frère et fils de deux présidents américains, et Hillary Clinton, femme d'un ancien président. Personne n'a oublié la famille Kennedy : John Fitzgerald fut président, son père Joseph ambassadeur de Grande-Bretagne, son frère Robert sénateur et candidat à la présidence, et son frère Ted sénateur jusqu'à sa mort en 2009. La famille a donné six parlementaires au pays. La Maison-Blanche a accueilli deux Roosevelt, Franklin Delano, président de 1933 à 1945, neveu par alliance de Theodore, président de 1901 à 1909. Et, au XIXe siècle, le président Benjamin Harrison était le petit-fils de William, éphémère président en 1841. John Quincy Adams, sixième président américain, était le fils John Adams, deuxième président des États-Unis. Au pays où tout le monde peut réussir, comment les aristocraties électives peuvent-elles à ce point faire partie des mœurs politiques ? En cause : l'argent. Les batailles électorales sont avant tout des batailles financières. Il faut amasser un trésor de guerre afin de faire campagne. Depuis 2012, il en coûte un milliard de dollars pour espérer l'emporter. Une notoriété préalable est un atout précieux dans la course à la Maison-Blanche.

« J'ai fait mes preuves »

Il y a une contradiction fondamentale entre la logique de l'héritage et la sanction du suffrage universel. Du coup, il est intéressant d'écouter les discours des « fils et filles de » qui succèdent, chacun à leur façon, à leurs aînés. Entre défense et justification, ces récits montrent des constructions parfois douloureuses, souvent vécues comme évidentes. De gauche à droite, les parcours sont très différents. À gauche, dans les milieux militants, la politique est affaire de socialisation et la transmission s'opère de façon précoce. À droite, l'héritage est, plus ou moins, dans l'ordre des choses. Un seul point commun entre les héritiers des deux bords : se défendre d'une transmission « automatique ». Le terme d'héritier est systématiquement rejeté.

Premier exemple, Jean-Louis Debré : l'actuel président du Conseil constitutionnel est le fils de Michel Debré, résistant, gaulliste et concepteur de la Constitution de la Ve République. Lui insiste sur la nécessité de « faire ses preuves ». « J'ai gagné mes galons », revendique-t-il. « Les quelques premières années, j'ai dû montrer les dents contre ceux qui ne me voyaient que comme le fils de mon père, puis ça s'est calmé. Mon père n'est jamais venu dans ma circonscription, je n'ai pas organisé de réunions. À quoi ça sert ? Quand vous arrivez, vous intéressez directement les journalistes : le fils Debré débarque... » Son frère, Bernard Debré, après être devenu médecin, est élu député en Indre-et-Loire, dans le fief paternel, et succédera à son père à la mairie d'Amboise. Jean-Louis revendique, lui, pour son premier mandat, d'avoir « été élu conseiller général dans un canton tenu pendant trente-six ans par la gauche ». C'était en 1992, à Nonancourt, dans l'Eure : « Mon prédécesseur socialiste m'avait adoubé. Je me suis battu contre un candidat de droite. Là, il y a un effet dynastique qui n'est pas de sang mais par l'élection », insiste-t-il, soucieux de se démarquer de son frère. En 2001, il est élu maire d'Évreux, ravie à la gauche qui détenait la ville depuis les années 1950.

En dehors de l'élection gagnée sur des terres hostiles, Jean-Louis Debré insiste sur sa légitimité professionnelle antérieure à la politique, en tant que juge d'instruction. Son père lui a conseillé d'avoir un métier avant de se lancer en politique. Pour « être libre, ne pas être complètement accroché à un parti. Et pour être respecté », se souvient-il. Pendant une quinzaine d'années, il hérite de dossiers exposés autour du terrorisme et du grand banditisme, à l'époque de la bande à Baader ou d'Action directe. « On ne m'a pas donné ces dossiers par hasard », insiste-t-il. « Si je n'avais pas été bon, si j'avais raté mes premières affaires, je n'en aurais plus eu. Et là, je ne dois rien à personne. Il n'y a pas de juges dans la famille. Ni d'écrivains de polars. » Jean-Louis Debré est l'auteur, ces dernières années, d'une quinzaine de romans policiers, dont certains à succès. Quant au droit, c'est quand même une tradition familiale.

La politique est présentée non pas comme un héritage, mais comme un engagement au service de la nation. Un dévouement, plus qu'un titre de noblesse. « À la maison, un leitmotiv revenait sans arrêt : on ne construit pas un pays dans l'indifférence », se souvient le fils de Michel Debré. « À un moment, il faut que les générations montantes remplacent les générations descendantes. Et donc quand vous arrivez vers 35-40 ans, c'est à vous de jouer. » D'autant que la vie professionnelle n'est pas linéaire et ouvre des fenêtres d'opportunité pour se lancer dans l'arène. Après avoir planché sur plusieurs dossiers difficiles, les services de police lui annoncent qu'il faudra attendre deux ou trois ans avant qu'il soit ressaisi. Question de sécurité. « Il faut partir quand on commence à devenir blasé, résigné, sceptique. Si on n'éprouve plus rien face à des terroristes ou des truands, que devient-on vingt ans plus tard ? Là, je me suis dit, c'est le moment. J'y pensais depuis toujours », témoigne-t-il.

Fils de Michel Debré, il s'inscrit dans une lignée plus lointaine encore, rappelée à l'envi au sein de la cellule familiale. « Mon arrière-arrière-grand-père a été le premier juif membre d'un conseil municipal dans le petit village de Westhoffen, en Alsace. Son fils a fui, en 1870, pour ne pas devenir allemand. La République a toujours été au cœur de ma famille. Mon père ne manquait jamais une occasion, chaque fois qu'il y avait une fête nationale ou républicaine, d'expliquer son histoire. J'ai été élevé dans le culte de la France, du service public. » La transmission est puissante. Elle permet de dépasser les impressions négatives, à l'adolescence, envers la politique et sa violence intrinsèque. « C'est un métier exposé. Des gens critiquent, contestent, dénigrent. La presse véhiculait parfois une image de mon père extrêmement intolérante, cassante. Je n'y retrouvais pas ce que je connaissais de lui. Toutes ces calomnies et les échecs électoraux, ça vous marque. À quinze ans, on ne comprend pas encore les jeux et subtilités de la politique. » Cela n'a pas découragé les faux jumeaux Debré. Leurs deux frères aînés sont devenus respectivement entrepreneur et journaliste. Eux ont repris le flambeau. Mais aucun des enfants de Jean-Louis ne semble partant pour la politique : Charles-Emmanuel est entrepreneur, Guillaume est journaliste pour le groupe TF1 et Victoire, actrice. Mais, en droit, la relève est assurée. Constance Debré, quarante-trois ans, la nièce de Jean-Louis et fille de François, le journaliste et prix Albert Londres de la famille, est avocate depuis 2010.

Le poids du nom

D'autres fils de politiques ont préféré choisir une tout autre voie et rester en dehors de la course. Francis Rocard, fils de Michel, aujourd'hui astrophysicien au Centre national d'études spatiales (CNES), s'en explique très bien. « Quand j'étais étudiant, j'avais un profil assez proche des idées politiques de mon père. Lui avait commencé au PSU avant de devenir socialiste. J'étais aussi gauchisant étant jeune, puis ça a évolué. Mais je n'ai jamais eu d'engagement politique », explique-t-il. « C'était trop difficile pour moi. Toute prise de position de ma part était extrêmement écoutée. Soit je ne faisais que dire les mêmes choses que lui, soit j'étais contre. Donc j'ai préféré me mettre en retrait. » Avantage pour ce « fils de », son profil matheux l'a rapidement précipité dans les bras de la science. Un domaine où son grand-père, Yves Rocard, a excellé en tant que physicien, ratant de peu le prix Nobel. Mais de cette double ascendance, c'est bien celle de son père qui fut la plus lourde à porter. « Élève, aux yeux de mes profs, je ne pouvais être qu'un génie ou un fumiste. Jamais entre les deux. Et encore, je m'estime chanceux car mon père a eu une trajectoire politique respectable. Il ne s'est pas trop sali les mains. On a toujours cette crainte que ce qui est positif à un moment parte en vrille. Ça va très vite, en politique. »

Jamais sollicité par son père pour poser sur papier glacé dans les magazines, il se souvient en revanche de nombreux échanges sur ses activités politiques. « Mon père est un passionné donc il nous renvoyait une image positive de la politique. Mais il ne nous a jamais poussés dans cette voie. Peut-être parce qu'il en connaissait la violence et la difficulté », imagine-t-il. Aucun de ses enfants n'a choisi de s'y engouffrer. Sauf, tout récemment, Loïc Rocard, demi-frère de Francis, nommé conseillé « Transports » au cabinet de Manuel Valls. Une « politisation » à un poste technique alors que son parcours ne l'y prédestinait pas forcément : polytechnicien, titulaire d'un diplôme de l'École nationale de l'aviation civile et d'un master d'ingénieur civil à l'université de Berkeley, il fut responsable de l'exploitation du Terminal 2 de l'aéroport de Roissy, puis directeur chez Vinci et Cofiroute. Michel Rocard avait lui-même été poussé dans la voie scientifique par son père. Il claqua la porte de math' sup pour aller tenter sa chance à Sciences Po au prix d'un clash familial. Son fils, Francis Rocard, a fait les études qu'il n'avait pas voulu suivre. Il est aujourd'hui en charge, notamment, du programme d'exploration de Mars en collaboration avec les États-Unis.

Électorat Bové

Le poids du nom, Marie Bové l'a ressenti aussi. La fille de José Bové s'est lancée en politique en 2009, en Aquitaine. Son patronyme va d'abord la servir. Noël Mamère lui propose d'être tête de liste aux élections régionales. Avec un certain sens médiatique, que Marie Bové reconnaît. « Déjà maire et député, il ne voulait pas se présenter. Il a toujours eu une part intuitive, qui sait créer le buzz. C'est quelqu'un d'assez malin et d'assez tactique qui a dû se dire, si la fille de José Bové est partante, ça le fait », analyse-t-elle. « Il connaissait aussi l'histoire de la famille et mon parcours donc il trouvait qu'il y avait les bons ingrédients au bon moment, juste après le succès des écologistes aux élections européennes. » C'est là que les choses se compliquent. Et que le patronyme du leader de la Confédération paysanne va devenir lourd à porter pour sa fille. Les Verts et Europe Écologie tentent alors de bâtir des listes communes. Une gageure. Les Verts s'opposent avec virulence à la candidature forcément très médiatisée de la fille de José Bové. L'information a fuité dans la presse locale rapidement. Alors assistante du groupe PS à la communauté urbaine de Bordeaux (CUB), elle doit quitter ses fonctions le jour même.

Surtout, en 2009, la polémique Jean Sarkozy fait rage. À vingt-trois ans à peine et sans diplôme, le fils du président de la République est candidat, soutenu par son père, à la présidence de l'Epad, l'Établissement public pour l'aménagement de La Défense, le plus gros quartier d'affaires d'Europe. C'est peu de dire que le népotisme est un thème dans l'air du temps. Les accusations pleuvent dans les rangs de ceux à qui Marie Bové pourrait faire de l'ombre. Elle se défend d'entrer dans cette catégorie : « Mon père habitait le Larzac et on m'accusait de népotisme, ou de parachutage, alors que ma famille vit depuis toujours à Bordeaux. J'avais l'impression de ne pas pouvoir exister par moi-même, d'être un clone. Je n'étais nommée à rien du tout, je ne faisais que me présenter à une élection. »

Au bout de longues tractations avec Les Verts, elle finit par décrocher la tête de liste en Gironde avec l'appui de Noël

Mamère et Daniel Cohn-Bendit. Ce sera son premier mandat électif. Même si elle ne veut pas « s'inscrire dans l'optique d'une carrière classique dans un appareil politique », son objectif est d'être réélue aux prochaines élections régionales, en décembre 2015, par « envie de poursuivre l'action entamée ». Et si EELV ne veut pas d'elle, elle trouvera d'autres solutions. Pas dupe, elle sait que son patronyme est signifiant pour des électeurs potentiels : « Dans une élection, un nom incarne toujours une idée, une proposition, un projet. Il y a un électorat Bové. Ce nom est synonyme de constance dans l'engagement, d'une fidélité aux combats dans lesquels on s'inscrit et d'un ancrage sur le terrain, avec une image de courage aussi. Être capable de dire à un moment donné, ça ne va plus, il faut que ça change. Je tiens aux idées que je défends. » Elle s'y reconnaît et se sent « dans la continuité » avec les engagements de son père. En 2009, elle propose de créer une coopérative politique pour mettre en place un « mouvement écologique puissant » qui s'appuie sur la société civile. Une remise en cause directe du rôle du parti politique. Les élus d'EELV n'ont jamais donné suite. La même année, elle aide son père candidat aux élections européennes, en organisant, en quelques semaines à peine, un concert de soutien à Bordeaux, Eurorock Écologie. Bertrand Cantat y a fait son grand retour sur scène et l'événement a rassemblé plusieurs milliers de personnes. « Avec mon père, nous aimons nous lancer des défis », confie-t-elle. « Et nous discutons beaucoup. Il me consulte sur certains sujets, comme la GPA dernièrement. Il voulait connaître mon sentiment. Nous sommes tombés d'accord sur l'idée de s'opposer à la marchandisation du vivant. Mais ce n'est pas toujours le cas. Nous ne sommes pas de la même génération, nous avons des regards différents sur le monde. Et ça nous aide à élaborer une nouvelle ligne politique. »

Lorsqu'elle revient sur son parcours, elle évoque des engagements précoces, dès la classe de cinquième, au sein de l'aumônerie d'un collège public, auprès d'un prêtre-ouvrier impliqué dans le combat des paysans du Larzac. Dans la pure tradition familiale. « À partir de 1976, j'ai habité avec mes parents dans une ferme où il y avait zéro confort mais une activité militante et politique très forte. L'endroit était symbolique et accueillait de nombreux universitaires et intellectuels pour essayer de voir comment gagner la lutte et comment les paysans pouvaient s'organiser après », se rappelle-t-elle. Parmi ses camarades de l'époque, dont les parents étaient tous impliqués dans la lutte du Larzac ou le syndicalisme paysan, elle a été la seule à s'engager en politique. Sans qu'elle puisse expliquer pourquoi. Sa propre sœur a choisi une voie plus classique en devenant attachée territoriale à la mairie de Barsac, en Gironde. « Mes parents s'intéressaient à ce que je faisais, posaient des questions. J'ai bénéficié d'un accompagnement familial », explique-t-elle. Son père est alors le cofondateur de la Confédération paysanne, militant pour le pluralisme syndical dans le secteur agricole. Mais maman n'est pas en reste. Et l'on sent que ses combats ont autant compté. Elle fut l'une des premières femmes françaises à assumer une responsabilité syndicale au sein d'une branche de la FNSEA. Féministe convaincue, elle milite pour une plus grande implication des femmes dans la vie professionnelle, syndicale et politique.

Étudiante à la faculté d'histoire de Bordeaux à partir de 1993, Marie Bové s'implique dans un syndicat autogestionnaire. Et choisit comme sujet pour son mémoire de maîtrise, la traite des Noirs pendant la période de l'esclavage à Bordeaux. Elle est la première étudiante à proposer ce thème. « Au départ, j'avais demandé à travailler sur la collaboration de l'université de Bordeaux pendant le régime de Vichy mais ça m'a été refusé. J'ai protesté et obtenu de plancher sur cet autre sujet sensible », se souvient-elle avec un sourire malicieux. La politique ne faisait pas, alors, partie de ses envies. « Mon père non plus n'a jamais eu sa carte dans aucun parti. La première élection à laquelle il s'est présenté, c'était à la présidentielle de 2007 », rappelle-t-elle.

En 1999, un épisode va précipiter sa trajectoire. Au cours de l'été, son père est arrêté pour avoir participé à la dégradation du Mac Donald's de Millau. La prison, la médiatisation, le procès et une famille qui explose en plein vol. Les parents se séparent, une ferme à charge, une petite sœur commençant tout juste ses études... Marie Bové comprend qu'il est temps pour elle de travailler et fait une croix sur ses idées de doctorat. Elle décroche un emploi-jeune au Comité catholique contre la faim et pour le développement (CCFD). Par la suite, elle vit une assez longue période de recherche de travail où son nom n'a pas joué en sa faveur : « On m'a avoué qu'il y avait des craintes que le nom de famille influe, contamine l'équipe ou l'image de marque, une peur que mes engagements donnent une mauvaise orientation à l'organisation », raconte-t-elle. « Dans le monde de l'entreprise, on m'a clairement suggéré que ce n'était pas le milieu dans lequel je devrais chercher. De la pure discrimination. » C'était avant de se lancer en politique.

Une taupe de l'UMP ?

Les noms fonctionnent comme des marqueurs. Et lorsque celui de vos ancêtres se situe dans un bord politique, il est difficile de se faire une place dans le camp d'en face. C'est ce qu'a vécu Quitterie de Villepin. Elle n'est pas la fille de Dominique, l'ancien Premier ministre de Jacques Chirac et orateur brillant à l'ONU pour s'opposer à la guerre en Irak. Le lien de parenté est assez éloigné : son grand-père et le père de l'homme politique étaient cousins. Après des études de commerce, elle travaille pour des ONG environnementales mobilisées sur des sujets tels que les nouvelles énergies ou le développement durable. Elle est alors mariée et porte le nom de Quitterie Delmas. Son engagement ne pose alors aucun problème. Jusqu'à ce que des collègues tombent sur son permis de conduire et découvrent son patronyme de naissance. « Ça a été frontal, le choc des mondes », se souvient-elle. « Je travaillais avec des gens engagés à gauche ou à l'extrême gauche, des écologistes, des anarchistes. Il y a eu beaucoup de défiance avant qu'ils acceptent ma démarche et me croient sincère », confie-t-elle. Constatant que les financements associatifs dépendent avant tout des politiques, elle décide de se lancer. Non sans avoir consulté Xavier de Villepin, le père de Dominique, industriel, ancien sénateur des Français de l'étranger et meilleur ami de son grand-père dont elle était très proche. Il préconise l'UMP. Elle ira à l'UDF en 2003, aux côtés de François Bayrou, avec l'espoir de « pouvoir bosser avec tout le monde, des sensibilités de gauche comme de droite. Et d'y apporter des thématiques environnementales et sociales ». L'UDF ne résiste pas au plaisir de mettre son nom de jeune fille, Galouzeau de Villepin, sur les listes aux élections régionales de 2004. Comme une prise de guerre. Mais à double tranchant. « Au début, ça les faisait marrer. Ensuite, il y a eu des rumeurs. J'étais soi-disant une taupe de l'UMP chargée de ramener les centristes vers la droite », se souvient-elle. En 2006, dans la course à la présidence du mouvement des jeunes du parti, elle est opposée à Jean-Yves de Chaisemartin, autre « fils de ». Son père, Yves de Chaisemartin, est un homme de presse ayant effectué l'essentiel de sa carrière au sein du groupe Hersant, ancien président du directoire du *Figaro*, aujourd'hui actionnaire de *Marianne*.

Le nom sert de « prétexte », pense-t-elle alors, pour l'attaquer sur tout et n'importe quoi. Son blog remporte un franc succès et attise la curiosité des journalistes pendant la campagne présidentielle de 2007, la première où le Web commence à jouer un rôle. D'ailleurs, elle annonce qu'elle votera Ségolène Royal au second tour, au grand désespoir de sa famille, ancrée à droite, tendance démocratie chrétienne. Elle commence à être invitée sur les plateaux télé, chez Arlette Chabot sur France 2 ou au *Grand Journal* de Canal +. Sa montée en puissance ne plaît pas à tous. Et ses espoirs de « troisième voie » politique sont rapidement douchés. « J'ai réalisé que François Bayrou se satisfaisait très bien de sa petite écurie présidentielle et n'avait aucune intention de faire émerger une nouvelle génération », lâche-t-elle. Lasse des combats internes au Modem, elle jette l'éponge et se met en retrait de la politique en 2008 : « Je ne sais pas si mon nom m'a servie ou pas. Je n'ai jamais discuté de politique avec Dominique de Villepin. Moi, je voulais faire de la politique autrement et je me suis rendu compte que c'était impossible dans les partis traditionnels. » Son nom l'a ramenée sans cesse à son ascendance. Mais « être une femme en politique a été encore plus difficile », tranche-t-elle.

« J'ai bien connu ton père »

Pierre Laurent aussi a beaucoup entendu parler de son patronyme. Il devient dirigeant du Parti communiste français (PCF) en 2010. Son père, Paul Laurent, est décédé en 1990. Pendant près de dix ans, de 1976 à 1985, il fut « responsable de l'organisation », l'équivalent du poste de numéro 2 du parti, sous la direction de Georges Marchais. Mais, aujourd'hui encore, « je ne peux pas aller quelque part sans qu'on me parle de mon père », explique l'actuel dirigeant du PCF, également sénateur et conseiller régional d'Île-de-France. « Si j'avais un livre à écrire ce serait *J'ai bien connu ton père,* car c'est la phrase que j'entends systématiquement. Ceux qui l'ont croisé me comparent. Tu parles comme ton père, tu as le même calme que ton père... Au début, quand je suis devenu secrétaire national, je me suis demandé comment gérer cela car, évidemment, ça énerve un peu. Mais je m'aperçois, avec le temps, que je n'ai pas de raisons de mettre cela à distance. Je suis fier de la famille avec laquelle j'ai grandi et de ce lien de proximité, de sincérité et d'amitié que mon père avait tissé avec énormément de gens. »

Un dirigeant communiste de haut niveau dont le père l'a été lui aussi, ce n'est pas si courant... Les dynasties politiques ont-elles fait leur entrée au sein de la direction du PCF ? « Mon parcours ne ressemble pas du tout à un héritage car cela ne se transmet pas comme ça », tranche Pierre Laurent. « Il y a plus de vingt ans entre son décès et mon arrivée à la tête du parti. Le poste ne m'a pas été donné en héritage. » Pierre Laurent relativise le rôle de son père dans son enfance. Aux sources de son engagement, il met en avant une famille, au sens élargi du terme, composée d'autres membres que la figure paternelle : grand-père, oncles, frères... Celle-ci s'inscrit dans une vie militante où la socialisation passe aussi par les repas du dimanche, les discussions, les fêtes. « Mon grand-père n'avait pas sa carte au parti jusqu'à ce que mon père en devienne un dirigeant. Mais il était un ouvrier de Saône-et-Loire, abonné à *L'Humanité* depuis l'après-Première Guerre mondiale. Il transmettait déjà ces valeurs-là. C'était un personnage bourru, un peu anar', dans la tradition libertaire du communisme français », se souvient Pierre Laurent. Il y eut d'autres figures familiales importantes. « Mon oncle, le frère de ma mère, était allé manifester contre l'OAS et l'Algérie française en 1962 et avait été blessé lors de l'attentat du métro Charonne. Il racontait toujours comment il avait été écrasé contre les grilles de métro. Une anecdote impressionnante... C'était une ambiance familiale très soudée et très politisée. » Un autre de ses oncles, Robert Telliez, rédacteur en chef de *La Vie ouvrière*, le journal de la CGT dans les années 1960 et 1970, et agrégé de lettres, participe de sa curiosité intellectuelle et aiguise son appétit de culture. Quand ce ne sont pas les oncles, le grand frère prend le relais. En mai 1968, le jeune Pierre a dix ans. C'est par les récits de son frère, de sept ans son aîné, qu'il vit la révolte de la jeunesse au quartier Latin.

Cette famille soudée se double de liens amicaux et d'une vie militante intense. L'ambiance fraternelle et conviviale donne une image positive de l'engagement politique. « Les repas entre amis n'étaient pas ennuyeux. Les meetings un peu plus, mais c'était assez exaltant. Et il y avait la fête de l'Humanité. J'y suis allé tous les ans aussi loin que je me souvienne. Début septembre, l'école n'avait pas encore repris, on allait monter les stands. J'ai toujours vécu leur activité militante comme quelque chose de réjouissant », poursuit Pierre Laurent. Elle lui permet de côtoyer, très jeune, des figures communistes de premier plan : Henri Krasucki, Georges Marchais, Georges Séguy, Jack Ralite, Henri Malberg. Loin du mentor unique : « C'est avec eux que je me suis construit. Je ne crois pas au modèle tout fait. Les discussions m'intéressaient. Ce sont des gens que j'ai parfois consultés par la suite, au moment de faire mes propres choix. »

Les premiers engagements ont lieu au lycée, pour la libération de la militante du mouvement des droits civiques, Angela Davis, ou contre la guerre du Vietnam. Dans le bouillonnement politique des années 1970, au moment du Programme commun, l'avenir du communisme est déjà largement en question. Les expériences des pays de l'Est soulèvent beaucoup d'interrogations. D'une génération à l'autre, les regards ne sont pas les mêmes. « J'ai toujours connu mon père lucide sur ce qui se passait à l'Est. Il ne nous disait pas que c'était formidable. Mais c'est une génération qui, jusqu'au bout, s'est accrochée à l'idée que ces régimes pouvaient se transformer, en Hongrie et ailleurs. Moi, c'était différent. Je suis d'une génération qui pensait que l'avenir, c'était autre chose, qu'il fallait changer le PC. » Il milite à l'Union des étudiants communistes (UEC) et en devient secrétaire national de 1982 à 1985. Mais « pas question de faire ce qu'avait fait mon père. Quand j'ai eu vingt ans, je me suis dit que je ne serai pas permanent du PC ».

Après des études d'économie, il travaille à la section économique du PCF. Un poste se libère au service « Économie » de *L'Humanité*. Il saute sur l'occasion. « Je n'en ai surtout pas parlé à mon père avant d'accepter. Je ne voulais pas que ce soit lié à lui en quoi que ce soit », se souvient-il. Membre du conseil national du Parti en 2000, il est mis sur orbite à partir de 2008 par Marie-George Buffet pour prendre les rênes du PC deux ans plus tard. Il discute alors beaucoup avec Henri Malberg, qui fut très proche de son père et de son frère, alors impliqué dans les instances dirigeantes. Une façon de poursuivre le débat familial. « Mon père n'est plus de ce monde, mais il est présent dans mon esprit. Je me demande sans arrêt, que penserait-il de me voir là ? J'imagine qu'il serait fier. J'ai quand même l'impression d'être assez fidèle à ce qu'il a fait. Mais je n'en sais rien, en fait. Il est décédé un an après la chute du mur de Berlin... » Pierre Laurent a trois enfants, tous investis à leur façon en politique, dont une fille de vingt-neuf ans, adjointe à la mairie du XXe arrondissement de Paris.

« On n'est pas chez les rois de France »

Dans sa version beaucoup plus classique, il y la transmission d'une circonscription du père à sa fille. « J'avais envie d'être comme mon père car c'était un seigneur. Quand il descendait du train à Angers, il savait ce qui s'était passé à Paris. Maintenant, avec les réseaux sociaux, les gens en savent plus que vous... » Roselyne Bachelot a repris la circonscription de son père, le député Jean Narquin, dans le Maine-et-Loire, en 1988. Elle y sera réélue quatre fois et occupera le même bureau que son père à l'Assemblée nationale, numéro 7 463. Elle réfute pourtant le terme de « transmission ». En enlevant la montre qui entoure son poignet, elle explique : « À l'arrière, mon père m'a fait graver le chiffre 25 703. C'est le nombre de voix que j'ai récolté lors de ma première élection cantonale. Il m'a dit : à chaque fois que tu regarderas l'heure, tu penseras que tu n'es là que grâce à eux. Donc ce n'est pas une transmission. On n'est pas chez les rois de France. Ce sont les électeurs qui m'ont élue. »

Avant d'entrer à l'Assemblée nationale, son père lui conseille de se présenter à un scrutin où elle a peu de chances de gagner. Histoire de se forger une légitimité. « Je me suis donc lancée en politique dans un canton où il y avait une énorme personnalité de gauche en 1982 et où le président François Mitterrand avait fait 58 % des voix. Et quand on a ouvert les urnes, les 58 % c'était moi qui les avais faits », se réjouit-elle. Le suffrage universel est mis en avant pour contrer toute idée de dynastie politique, tout comme son patronyme issu de son mariage avec Jacques Bachelot en 1968 : « Je ne porte pas le même nom que mon père. Il ne m'a pas apporté une voix. Il a fait campagne avec moi, mais comme un militant. On peut léguer une maison, une boucherie-charcuterie, mais pas une circonscription. Ce sont les électeurs qui choisissent. » Mais Jean Narquin ne voulait de personne d'autre que sa fille pour lui succéder : il souhaitait déjà qu'elle se présente en 1986. Les instances du RPR ont fait barrage. Deux ans plus tard, c'est lui qui se représente, avant de s'effacer au dernier moment au profit de sa fille.

L'ancienne ministre de la Santé reconnaît qu'avoir eu un père député fut un atout décisif. « Mon père m'a beaucoup appris sur le fonctionnement des cabinets ministériels ou sur la façon dont on nomme un gouvernement. Il y a tant de choses que les jeunes élus découvrent. Moi je les connaissais. Dans ce monde qui est fait de codes et de jargon, où un tas de clés doivent être connues, je plains ceux et celles qui ne les ont pas », explique-t-elle. Avoir un mentor relèverait d'ailleurs d'une nécessité, ce qui permet, au passage, de relativiser l'importance de la filiation : « On a toujours un père en politique. Pas forcément son père biologique mais, quand on regarde les carrières politiques, on constate qu'il y a toujours quelqu'un qui vous a pris sous son aile. Ce qui explique qu'il y a peu de "filles de" car la quasi-obligation d'avoir un mentor dessert les femmes », juge-t-elle. « Ceux qui sont à la manœuvre sont des hommes et c'est difficile pour un homme de prendre une femme sous son aile parce qu'évidemment les commentaires peuvent être particuliers. On imagine tout de suite qu'il y a entre vous quelque liaison coupable. Sauf quand c'est votre père, que ce soit Martine Aubry, Michèle Alliot-Marie, Françoise de Panafieu. » Ou Roselyne Bachelot, donc.

Jean Narquin, qui fut rédacteur en chef dans la presse locale après la Libération, lui apprend aussi les rouages des relations avec les journalistes. Ce père, qui fut son attaché parlementaire, appelait tous les matins sa fille, jusqu'à sa disparition, en 2003. « Il me faisait une revue de presse sur l'actualité. Il m'a appris à lire plusieurs journaux, à puiser à des sources multiples pour se faire une opinion. Il avait un grand respect pour la presse et jugeait quelqu'un à sa façon de plier son journal. » Un père et… une mère, Yvette Le Dû, élevée dans une ferme bretonne. Femme très cultivée, alors que sa propre mère ne savait ni lire ni écrire. Femme soumise aussi, « capable de mettre son mari en lumière grâce à ses grandes connaissances, sans jamais se mettre en avant », se souvient Roselyne Bachelot. Qui lui doit de solides convictions féministes : « Elle m'a fait lire Simone de Beauvoir, Margaret Mead, Virginia Woolf… » Et l'envie, par opposition à elle, de ne pas vivre par procuration. Mais la dynastie politique n'aura pas de suite. La première circonscription d'Angers est devenue socialiste en 2012. Pierre Bachelot, quarante-cinq ans, n'a pas voulu se lancer en politique. Il y a une dizaine d'années, quand sa mère lui suggère qu'il est temps, s'il veut se jeter dans le grand bain, de passer à l'action, le verdict est sans appel : pas question d'avoir la même vie que sa mère. « C'est un signe. Aujourd'hui, les politiques sont déconsidérés. Et la vie personnelle est sacrifiée. La politique, c'est un package, on n'en voit à l'extérieur que la montée du perron pour le Conseil des ministres, les portières des voitures avec chauffeur qui s'ouvrent. On ne voit pas les douleurs, les souffrances, les attaques, les caricatures, la violence », estime sa mère.

Ça n'a pas empêché l'ancienne ministre de prendre soin de son fils. Avec un diplôme de management artistique en poche, il devient assistant parlementaire de sa mère pendant dix ans, de 1992 à 2002. Lorsque sa mère est nommée ministre de l'Écologie dans le gouvernement Raffarin, il devient son conseiller, jusqu'en 2004. Il la rejoint en 2007 au ministère de la Santé, toujours comme conseiller. En 2010, à quarante et un ans, il obtient un poste à l'Inpes (l'Institut national de prévention et d'éducation pour la santé), organisme directement rattaché au ministère de la Santé et dont la directrice générale, Thanh Le Luong, était auparavant conseillère au cabinet de sa maman. Quand on fait remarquer aujourd'hui à Roselyne Bachelot que la carrière de son fils est étroitement liée à la sienne, elle répond : « Mon fils aurait pu faire beaucoup de choses, [...] il m'a rendu service en venant travailler avec moi. »

Jobs et subventions...

En matière de népotisme, l'épisode de Jean Sarkozy et de l'Epad est le plus emblématique de ces dernières années. Il est pourtant loin d'être isolé. Les postes d'assistants parlementaires sont l'occasion de fournir stages, CDD d'été, voire emplois beaucoup plus longs à ses enfants. Chaque député dispose d'une enveloppe de 9 504 euros qui lui permet de rémunérer ses collaborateurs à l'Assemblée et en circonscription. En juillet 2014, le site d'information *Mediapart* a épluché la liste des collaborateurs de députés, rendue publique pour la première fois par la Haute Autorité pour la transparence de la vie publique, grâce aux déclarations d'intérêts des élus. Résultat : l'Assemblée rémunérait vingt-huit fils et trente-deux filles de députés, ainsi que cinquante-deux épouses. Au moins 155 députés, sur 577, avaient un employé membre de leur famille, soit environ 20 % de l'Hémicycle. Huit d'entre eux rémunéraient même deux de leurs proches, comme Jacques Bompard, député apparenté FN, qui employait ses fils Guillaume et Yann, ou le député UMP François Scellier, qui avait également pris ses deux fils à ses côtés. Le socialiste Guy Geoffroy s'était entouré de sa femme et de son fils. Les députés UMP Claude Goasguen, Marc Le Fur et Patrice Martin-Lalande employaient leurs fils. Tandis que les députés UMP Lionnel Lucca, Patrick Ollier, Alain Marsaud, Jean-François Mancel ainsi que le socialiste Michel Françaix embauchaient leurs filles.

Sans réel statut, le job d'assistant parlementaire n'est pas des plus confortables. Le député décide lui-même du salaire qu'il attribue à ses collaborateurs. Si bien que certains touchent à peine plus que le SMIC, et d'autres jusqu'à 4 000 euros par mois. En revanche, certains « fils ou filles de » décrochent des postes enviables... Ainsi début 2014, Thomas Le Drian, fils du ministre de la Défense Jean-Yves Le Drian, est nommé chargé de mission auprès du président du directoire de la Société nationale immobilière (SNI), le plus grand bailleur social français, filiale de la Caisse des dépôts et consignations (CDC). Il avait été recruté à la CDC en 2012 par Jean-Pierre Jouyet, un grand ami de son père. À vingt-neuf ans à peine, un diplôme d'école de commerce moyenne en poche et après une courte expérience professionnelle au sein du cabinet KPMG, une nomination au comité exécutif de la SNI est une belle promotion. La CDC, bras armé de l'État dans le domaine financier, avait été le lieu d'une polémique similaire sous Nicolas Sarkozy. En 2009, Thomas Devedjian avait été bombardé au comité exécutif du Fonds stratégique d'investissement (FSI), créé dans le cadre du plan de relance et filiale de la CDC. Son père, Patrick Devedjian, était alors ministre chargé de la mise en œuvre de ce plan, autrement dit ministre de tutelle du FSI. Autre exemple, dans la culture,

Salomé Peillon, fille de l'ancien ministre de l'Éducation nationale, Vincent Peillon, a obtenu un poste de chargée de mission culturelle à l'ambassade de France en Israël. Ou encore Elvire Percheron, fille du président socialiste de la région Nord-Pas-de-Calais, Daniel Percheron, est nommée au printemps 2015 au Louvre-Lens, administratrice adjointe en charge du développement des publics et de la communication. Elle avait déjà postulé au sein de l'établissement deux ans auparavant, mais la direction avait arrêté le processus de recrutement. Elle avait été nommée directrice générale adjointe dans la collectivité gérée par son père.

La manne financière dont disposent certains « fils de » peut s'avérer bien plus large qu'un salaire mensuel. Grâce à l'Association pour une démocratie directe, les données sur la réserve ministérielle de l'année 2011 ont été rendues publiques en 2014. La répartition de ces aides exceptionnelles aux collectivités locales est à la discrétion totale des ministres, qui peuvent ainsi faire passer en priorité des demandes de subventions. L'opacité règne sur une somme qui a atteint cette année-là près de trente-trois millions d'euros. Et, au milieu des élus de premier plan, on a pu trouver les fils de Claude Guéant, ministre de l'Intérieur en 2011, et d'Alain Marleix, secrétaire d'État aux collectivités locales jusque fin 2010. François Guéant et Olivier Marleix ont accordé respectivement 322 500 et 557 088 euros de subventions à des communes de leur fief politique. Comment de simples élus locaux ont-ils eu accès à ces fonds ? Olivier Marleix a aussi été conseiller technique auprès de Nicolas Sarkozy puis au sein du cabinet de Claude Guéant au ministère de l'Intérieur. Tous les deux ont ensuite été candidats lors des élections législatives de 2012, dans les communes qui avaient reçu des subventions. Une autre façon de donner un coup de pouce.

Le népotisme pleinement assumé ne semble d'ailleurs pas toujours gêner les électeurs. Et le système de clientélisme montre son efficacité pour se maintenir au pouvoir. Maryse Joissains a entamé, en 2014, son quatrième mandat de maire d'Aix-en-Provence. En 2001, sa première victoire sonne comme une revanche. Son époux, Alain Joissains, avait conquis la mairie en 1977. Mais pendant la campagne de 1983, alors qu'il est promis à une large réélection, il est accusé d'avoir financé une partie de la villa de son beau-père avec l'argent de la commune et sera condamné en appel à deux ans de prison avec sursis pour recel d'abus de biens sociaux. C'en est fini de ses ambitions politiques. Dix-huit ans après, lorsque Maryse Joissains devient elle-même première magistrate de la ville, elle n'hésite pas à prendre son mari comme directeur de cabinet. Élue en 2008 à la communauté d'agglomérations du Pays d'Aix, elle nomme cette fois sa fille comme directrice de cabinet. Sophie Joissains sera aussi adjointe de sa mère chargée de la politique de la Ville à la mairie d'Aix, avant de devenir sénatrice. Elle et sa mère, également députée, prennent... Alain Joissains comme assistant parlementaire. Il fallait oser ! Avec un esprit clanique assumé, Maryse Joissains a aussi propulsé l'ancienne nounou de sa petite-fille au cabinet de la communauté du Pays d'Aix et y a recruté le fils de son chauffeur.

Plusieurs de ses élections ont été invalidées. À chaque fois, elle a été réélue, notamment en 2009 grâce au soutien de la majorité présidentielle de l'époque. Plusieurs ministres ont fait le déplacement : Xavier Bertrand, Jean-Louis Borloo et Fadela Amara. Malgré un front « anti-Joissains », elle l'emporte à nouveau avec 187 bulletins d'avance. Elle n'est plus députée depuis 2012 mais reste maire. L'une des six femmes à diriger une ville de plus de 100 000 habitants (dont quatre de gauche comme Anne Hidalgo à Paris et Martine Aubry à Lille, et deux de droite dont Brigitte Fouré à Amiens).

Transmissions de mandats, nominations, subventions... Les circuits du népotisme sont bien en place. La politique est le terrain de jeux de tous les réseaux, dont les enfants de personnalités influentes sont les premiers bénéficiaires. De gauche comme de droite, les élus qui succèdent à leurs parents se défendent d'être des héritiers. L'idée même de transmission va à l'encontre de l'égalité des chances que la République entend encore promouvoir. Ce statut est difficile à assumer dans une société individualiste où tout pousse à l'affirmation de soi et à la réalisation personnelle. Mais n'est-ce pas la stratégie la plus sûre que de fouler le même terrain que ses parents ? S'aventurer sur d'autres terres n'est pas aussi confortable. D'autant que d'autres milieux professionnels fonctionnent en circuit fermé. Jean-Louis Debré confie : « Ma fille voulait devenir comédienne. Elle s'est rendu compte que si elle n'était pas fille de comédiens, elle n'avait aucune chance de percer. Elle en avait marre des petits boulots, alors depuis un an, elle a ouvert un magasin de jus bio. »

III

Musique, cinéma, mode :
le règne des petits princes

On pourrait se dire que le talent n'est pas transmissible. Pourtant, dans le cinéma, les « fils et filles de » occupent une place de choix. Apparitions précoces dans les projets de leurs parents ou coups de pouce des célèbres géniteurs servent de ticket d'entrée dans ce milieu fermé. Résultat, préemptée par les familles, l'industrie cinématographique laisse peu de place aux nouveaux entrants. Les héritiers saturent l'industrie cinématographique. Les investisseurs sont de plus en plus nombreux à parier sur leur nom pour tenter de rentabiliser les films. Dans le milieu de la mode, les enfants de stars permettent aussi, à travers eux, de capter l'image iconique de leurs parents. Les « fils et filles de » y ont fait leur trou, se transmettant les entreprises créatives familiales comme n'importe quel patrimoine économique. Le milieu musical n'est pas en reste : les enfants Dutronc, Chedid, Souchon, Voulzy ou Higelin, entre autres descendants, s'inscrivent dans les pas de leurs parents.

6

Les enfants chéris du cinéma

Jamais un film français n'avait récolté autant de statuettes à Hollywood. Le 26 février 2012, *The Artist*, réalisé par Michel Hazanavicius, obtient l'Oscar du meilleur film. Il est aussi récompensé dans les catégories « meilleur acteur », « meilleur réalisateur », « musique » et « costumes ». Sur scène, le producteur, Thomas Langmann, ne manque pas de rendre hommage à son père, Claude Berri, flamboyant producteur qui a, lui aussi, remporté un Oscar en 1966 pour le court-métrage *Le Poulet*. Quatre décennies séparent les deux couronnements, qui racontent aussi l'histoire d'une transmission entre un père et son fils.

Après des débuts comme acteur, Thomas Langmann a créé sa propre boîte de production, La Petite Reine. Un mimétisme avec son père assumé, mais difficile : comment ne pas être écrasé par la figure de celui à qui tout a réussi ? « Je n'ai jamais cherché à être en compétition avec lui », déclare-t-il au magazine *Elle*, dans le numéro du 14 novembre 2014. « On a beaucoup dit : "Il a voulu tuer le père", mais c'est faux. Ce que je voulais, c'était l'épater. C'est vrai qu'il ne m'a pas vraiment aidé, mais c'est en ne m'aidant pas qu'il a fait le plus pour moi. [...] La seule fois où j'ai eu 17 millions de trou, en produisant le film *Mesrine*, mon oncle m'a convaincu d'aller lui demander un coup de pouce. Mon père m'a répondu qu'il connaissait un excellent fiscaliste spécialisé dans le dépôt de bilan. » Décédé en 2009, Claude Berri n'a pu voir le couronnement de son fils, finalement bien plus récompensé que lui. Il faut dire que, dans le petit milieu du cinéma, les « fils et filles de » se voient facilement décerner des prix, lors de ces concours de beauté que la profession affectionne.

« Le César est attribué à... Romane Bohringer ! » Le 8 mars 1993, la voix du sculpteur César résonne dans la somptueuse salle à l'italienne du théâtre des Champs-Élysées. Sous les ors de l'espace art déco, le parterre des professionnels du cinéma français réunis pour la dix-huitième cérémonie des Césars applaudit à tout rompre la lauréate. À dix-neuf ans, la jeune femme, qui n'a jusqu'alors joué que trois petits rôles, dont deux aux côtés de son père, se voit décerner le prix du meilleur espoir féminin pour sa participation au film *Les Nuits fauves*. À peine l'annonce faite, la caméra se braque sur elle, chapeau melon et gants noirs, en larmes, qui embrasse son père. Romane a juste le temps de monter sur scène, qu'au bout de trente-sept secondes l'image se fixe à nouveau sur Richard Bohringer, les yeux embués. Voix off : « Papa est très ému. » Dans son discours, la révérence est sans surprise : « Je voudrais remercier mon père, parce qu'il m'a porté sur ses épaules depuis des années, et qu'il m'aide tous les jours, c'est un père formidable, je voudrais lui dire combien je l'aime », déclare la jeune femme, la voix brisée. La scène est chargée d'émotion. Un moment de télévision comme le petit écran les aime. Pour le magnifier, la mise en scène est claire. Tout au long du monologue de la jeune actrice, l'écran dévoile un chassé-croisé père-fille. En trois minutes, pas moins de neuf plans serrés sont effectués sur l'acteur...

Le cinéma français vient d'adouber sa nouvelle dauphine. La séquence laisse une impression de déjà-vu. Qui a oublié le touchant émoi de Charlotte Gainsbourg, plus jeune lauréate depuis la création de cette catégorie, en recevant l'espoir féminin pour le film *L'Effrontée* ? En ce 22 février 1986, perdue dans un costume d'homme surdimensionné et les yeux cachés par de longues mèches de cheveux décoiffés, la jeune lauréate susurre quelques mots, épaulée par Jean-Claude Brialy. Là encore, le premier plan dévoile l'adolescente embrassant sa mère, Jane Birkin, puis happée par la longue étreinte de son père. Là encore, la caméra s'attarde sur Serge Gainsbourg, troublé par l'émotion, son éternelle cigarette à la main, resté fièrement debout pendant l'intégralité des remerciements de sa fille. Lorsque Julie Depardieu reçoit son César en 2004 pour le film *La Petite Lili*, l'ambiance est tout autre. Malgré un discours hilarant, l'actrice n'occupe pas longtemps le devant de la scène. En moins de deux minutes, son père, Gérard Depardieu, débarque sans prévenir. « Oh non... ! », lâche sa fille, un instant décomposée avant de réajuster au plus vite son masque de clown : « Eh oui, c'est mon fardeau ! » L'acteur a beau se défendre de « faire du Gainsbourg », au final, il prendra la parole plus longtemps que sa fille.

En vingt-deux ans d'existence, les Césars ont ainsi consacré une douzaine d'enfants issus de familles d'artistes ou de professionnels du cinéma, parmi lesquels Vanessa Paradis en 1990, qui fut parrainée à ses débuts par son oncle, le comédien Didier Pain. Mais aussi Guillaume Depardieu six ans plus tard, Robinson Stévenin, le fils de l'acteur Jean-François Stévenin, en 2002, puis Louis Garrel, fils du réalisateur Philippe Garrel, en 2006, et Izïa Higelin, fille du chanteur Jacques Higelin, en 2013. La liste s'allonge encore si on tient compte des nombreuses nominations. Comme, pour ne citer qu'eux, Emmanuelle Béart, nommée en 1985 et 1990, Chiara Mastroianni, Laura Smet, Félix Moati ou Pierre Rochefort... Censé révéler les nouveaux talents, le meilleur espoir a donc célébré à maintes reprises des « fils et filles de ». Les petits princes du cinéma font mouche dans cette catégorie. En 2013, elles sont même trois, sur les cinq jeunes femmes nommées, à être des filles d'artistes (Izïa Higelin, Lola Dewaere et Alice de Lencquesaing, fille de l'acteur et réalisateur Louis-Do de Lencquesaing). Côté garçons, les « fils de » ont déjà battu ce record en 1994, puisque quatre des cinq nommés (Guillaume Depardieu, Mathieu Kassovitz, Christopher Thompson, fils de la réalisatrice Danièle Thompson, et Melvil Poupaud) avaient un père ou une mère dans le cinéma.

Pourtant, certains n'ont pas encore eu le temps de faire leurs preuves : Charlotte Gainsbourg est récompensée pour son second film, Izïa Higelin pour son premier. On pourrait rétorquer que la gratification distingue justement ceux qui ont peu d'expérience, et ne font qu'entamer leur carrière. Sauf que les couronnements des « enfants de » ne concernent pas que cette catégorie. En 2015, Emma Luchini, fille de Fabrice, s'est ainsi vu décerner le César du premier court-métrage. Tout comme Alexandre Gavras, fils du célèbre réalisateur, l'année précédente. L'année 2015 est un grand cru pour les « fils et filles de » puisque six descendants d'artistes y ont été nommés : en plus d'Emma Luchini, sont mis à l'honneur Louis Garrel, Pierre Rochefort, fruit de l'union de Nicole Garcia et Jean Rochefort, Jeanne Herry, fille de Julien Clerc et Miou-Miou, Izïa Higelin et Victoria Bedos, fille de Guy et sœur de Nicolas.

Au cours des années 2000, la liste des enfants de la balle récompensés est particulièrement longue. Thomas Langmann a remporté le César du meilleur film en 2012, Emmanuelle Devos, fille de l'actrice Marie Henriau, est sacrée meilleure actrice en 2010 et Marina Hands, fille de l'actrice Ludmila Mikaël, en 2007, Vincent Cassel est couronné meilleur acteur en 2009, Julie Depardieu meilleur second rôle féminin en 2008. Meilleure musique de film pour -M- en 2007, meilleur second rôle masculin pour Clovis Cornillac, fils des comédiens Myriam Boyer et Roger Cornillac, en 2005, meilleur réalisateur pour Jacques Audiard, fils du réalisateur Michel Audiard, en 2006 et 2010... Depuis 2004, au moins un(e) héritier(e) s'est vu remettre, chaque année, une statuette à la grand-messe du cinéma. Seule l'année 2011 échappe à la règle. Le sacre des héritiers par des professionnels du cinéma ne se limite d'ailleurs pas à cette cérémonie. Ainsi, le prix de la révélation Louis Lumière a été décerné notamment à Marilou Berry (fille de Josiane Balasko et nièce de Richard Berry), Emma de Caunes (fille d'Antoine de Caunes), Isild Le Besco (fille de l'actrice Catherine Belkhodja), Antonin Chalon (fils de Zabou Breitman). Marina Hands, Vincent Cassel et Léa Seydoux ont reçu le prix du meilleur acteur ou de la meilleure actrice. Catherine Deneuve et Chiara Mastroianni, mère et fille, ont même toutes les deux été nommées pour la meilleure actrice en 2012 !

Préférant devancer les sous-entendus, certains en jouent. En 1998, lorsque Emma de Caunes reçoit son César, Matthieu Amalric, chargé de donner la statuette, lance un coup d'œil entendu à Antoine de Caunes, maître de cérémonie. Arrivée devant le pupitre, Emma se tourne, pince-sans-rire, vers son père : « Tu n'y es pour rien, rassure-moi ? » Malgré son habile pied de nez, Emma de Caunes a peut-être raison de s'inquiéter. *Un frère*, le film pour lequel elle a été récompensée, n'a remporté qu'un succès limité en salles avec un peu plus de 40 000 entrées. Avec 23 000 entrées de plus, le long-métrage qui a permis la consécration d'Izïa Higelin, *Mauvaise Fille*, adapté d'un roman d'une autre « fille de », Justine Lévy (fille du philosophe Bernard-Henri Lévy), n'a pas davantage rencontré son public. Il est vrai que la réussite commerciale des œuvres ne préjuge en rien de leur qualité. Ni du talent des jeunes actrices, qui ont très bien pu crever l'écran malgré le caractère confidentiel du film. Mais, dans ces cas comme dans d'autres, l'attention des jurés n'est-elle pas, au moins au départ, attirée par le patronyme de ces lignées d'artistes ? Et la bienveillance suscitée par certains parents ne rejaillit-elle pas sur leur progéniture ? « Le nom a de l'impact », assure Lionel Amant, créateur de l'agence Film Talents. « En particulier sur les votants des Césars. Après une présélection de quinze filles et quinze garçons par un collège de directeurs de casting, la plupart des gens qui votent n'ont pas vu le film. »

À l'été 2012, presque vingt ans après sa demi-sœur, Lou Bohringer est à son tour consacrée. Baptisé « Collection Canal + », un concours organisé par la chaîne met en concurrence des courts-métrages dont les sélectionnés seront pré-achetés. Emma et Antoine de Caunes, Hippolyte et Ana Girardot, les frères Elmaleh… sept binômes familiaux doivent décerner un prix au court-métrage dans lequel ils souhaitent jouer. Avec *Putain de Lune*, Lou est l'une des gagnantes. Problème : parmi les membres du jury figurent sa sœur et son père. Qui jurent leurs grands dieux n'avoir pas voté pour elle, mais uniquement souhaité y participer en tant qu'acteurs. Dans son communiqué de presse, la chaîne assume : « Ce sont les artistes qui choisissent le film qu'ils veulent tourner, et c'est bien normal. […] Dans les courts-métrages que nous avons reçus, l'un était réalisé par Lou Bohringer, difficile de ne pas le leur soumettre. » Pas de doute, la « grande famille du cinéma » défend et chérit ses lignées d'artistes. Et leurs enfants, qu'ils ont, dans de nombreux cas, connus dès leur plus jeune âge.

Des débuts précoces

L'odeur de la tablette de chocolat blanc sur la table de la régie. La saveur des escargots avalés au restaurant avec son père, le comédien Jean-François Stévenin. L'affection bienveillante de Sandrine Bonnaire, qui jouait le rôle de sa mère. Les parties de balançoire avec Lydie, la sœur de l'actrice, costumière sur le film. Les premières réminiscences de cinéma de Salomé Stévenin surgissent comme des éclairs, mémoire hachée des moments vécus dans l'enfance. Et pour cause. Salomé n'avait que trois ans quand elle a tourné *Peaux de vaches*, de Patricia Mazuy, aux côtés de son père. Installée à une table de la brasserie Le Select, dans le quartier de Montparnasse à Paris, la jeune comédienne, jupon rouge vif et haut de soie blanche, respire la jeune femme bien dans sa peau. La mine superbe, elle participe au *Bureau des légendes,* dernière série phare de Canal +. Et rentre juste d'un voyage au Mexique où elle a effectué des repérages pour un documentaire. De sa première expérience au cinéma, elle se souvient de moments agréables, malgré son très jeune âge à l'époque. « C'est un film magnifique, un des plus beaux dans lesquels j'ai eu la chance de jouer. J'avais la sensation d'avoir mon papa pour moi toute seule », se rappelle-t-elle. « Les caméras, je ne les voyais pas. J'étais un bébé qui jouait, comme tous les enfants. » Pourtant, le film avec « l'interminable attente, la solitude du tournage » ne lui rappelle pas que de bons souvenirs. Comme cette scène qu'elle a subie de plein fouet : « Je suis en train de jouer et tout à coup Sandrine arrive, m'attrape par les bras, me secoue, me hurle dessus : "Mais qu'est-ce que t'as fait ?". Et on voit que je me pétrifie : personne ne m'avait prévenue. C'est la limite. La scène est magnifique, mais c'est terrible, on est en train de traumatiser un enfant en direct, c'est violent. D'ailleurs, au départ, je n'avais pas du tout envie de devenir comédienne. » Mais entre un père acteur et réalisateur et trois frères, Sagamore, Robinson et Pierre, ayant embrassé la carrière d'acteur, comment aurait-il pu en être autrement ? Comme elle, beaucoup d'« enfants de » baignent dans le cinéma dès leur plus jeune âge. Leur environnement leur permet d'intégrer plus vite les ficelles du métier. « Les comédiens parlent beaucoup de ce qu'ils font, donc leurs enfants s'imprègnent », estime Éric Juhérian, cofondateur de la société de production Récifilms. « Ils savent très tôt comment fonctionnent les tournages. » Pour ces enfants, la « magie du cinéma », quotidien de leurs parents devenu le leur, n'a rien d'un monde onirique hors de portée, et les acteurs sont loin d'être des stars intouchables. « Ceux dont les parents exercent cette activité la désacralisent », considère Nathaniel Aron, chef opérateur dans plusieurs films, dont le long-métrage *LOL*. « Ça leur paraît plus accessible, plus facile, moins impressionnant. »

C'est qu'à l'heure où d'autres s'ébrouent dans les bacs à sable, eux accompagnent leurs parents sur les plateaux, côtoient le réalisateur, les acteurs et les techniciens, se familiarisent avec les caméras et les éclairages, observent la mécanique du tournage. À la tête d'Artmédia, la plus grosse agence artistique d'Europe, depuis vingt-cinq ans, Bertrand de Labbey constate : « Les comédiens ont davantage tendance à emmener leurs enfants partout avec eux, ça peut éveiller une curiosité chez les réalisateurs comme chez les enfants. » Salomé Stévenin a vécu cette expérience. « Je suis allée voir mon père en Italie, qui tournait à Cinecittà dans un grand studio avec des kilomètres de plateaux. C'était génial. J'étais comme un petit chat, à 6-7 ans, je m'asseyais sur un cube, sous une table, pour observer sans me faire remarquer. Je captais le maximum que je pouvais. J'adorais les regarder travailler, se préparer, se concentrer, voir l'accessoiriste, la cadreuse, c'était nourrissant. » Enfant, Emmanuelle Devos restait fascinée toutes les fois qu'elle assistait aux répétitions sur scène de sa mère, Marie Henriau. « L'avantage d'être une "fille de", c'est d'apprendre les règles », raconte-t-elle dans le numéro du 13 avril de *Télérama*. Mais aussi d'être là au bon moment. « C'est tellement facile, quand tu tournes avec la mère et que tu vois sa gamine dans les parages, si tu cherches un personnage du même âge, de le lui proposer », décrit Nathalie Chéron, directrice de casting. Salomé Stévenin se souvient : « Lorsqu'elle préparait son film, la réalisatrice Patricia Mazuy a passé beaucoup de temps chez nous, à la maison. Elle avait besoin d'une petite fille pour jouer la nièce de mon père, un bébé de trois ans. Et moi, j'étais juste là. Ça lui est venu à l'esprit comme ça. Pourquoi ne pas me filmer pour faire la nièce de mon père ? » Et c'est en accompagnant Isabelle Huppert que Lolita Chammah, sa fille, a joué, à quatre ans, dans *Une affaire de femmes*, de Claude Chabrol, un réalisateur fidèle à sa mère.

Autre avantage : le lien qui unit les comédiens et leurs enfants facilite le travail. Pas besoin de familiariser ces acteurs en herbe avec un environnement qu'ils connaissent déjà, ni de rassurer des parents peu habitués aux rouages des productions. « Mère et fille qui tournent ensemble, pour un réalisateur, c'est sécurisant », résume Nathalie Cheron. « Lorsque j'ai tourné un film avec René Féret, il cherchait qui pouvait faire mon père », confirme Salomé Stévenin. « Il a pensé au mien, qu'il aimait beaucoup. Résultat : mon père joue mon père, ma mère joue ma mère, on a tourné dans la maison de mes parents. Il a utilisé la réalité pour voir ce qu'il en sortait. » Pour la jeune actrice, la collaboration en devient plus simple et plus riche : « C'est génial qu'on te propose de jouer avec ton propre père. Il y a toute une partie du boulot qui est faite. Tu t'adresses directement à lui, les yeux dans les yeux. Le terreau est là. Et avoir un père réalisateur m'a toujours fait ressentir une empathie particulière avec eux. Je ne vois pas juste la personne qui a écrit un film, je comprends ce qu'il vit, j'essaie de l'aider. »

Les cours de théâtre, la vie sur des plateaux, les enfants de la balle font tout avant les autres. « La première fois que je suis allée tourner toute seule, sur le film *La Loire et les garçons*, j'avais treize ans. J'ai passé ma première nuit dans une chambre d'hôtel toute seule, à Lyon », se souvient Salomé Stévenin. Les castings aussi, qu'ils expérimentent très tôt : « Robinson avait passé le casting de Jacques Artaud pour un épisode du téléfilm *L'Instit*. Je suis allée avec lui car il n'y avait personne pour me garder. Ils avaient besoin d'une petite fille, j'ai passé un essai, ils m'ont prise. Ça m'a rassurée d'être avec mon frère », confie-t-elle. Au fil de ces tournages précoces, les « fils et filles de » se mettent à acquérir une expérience propre. « À vingt ans, certains tournent déjà depuis plus de dix ans et ont plusieurs films à leur actif », précise Nathalie Chéron. En témoignent les débuts de Lou Doillon : pour son premier film, *Le Petit Amour*, d'Agnès Varda, elle donne la réplique à sa sœur, Charlotte Gainsbourg et à Mathieu Demy, fils d'Agnès Varda et du réalisateur Jacques Demy, seize ans tous les deux. Au moment du tournage, la petite fille a cinq ans.

C'est au même âge que Salomé Lelouch, Robinson Stévenin, Maïwenn ou Louis Garrel ont fait leurs premiers pas d'acteurs. D'autres commencent encore plus tôt, comme Guillaume Depardieu, qui fait sa première figuration à trois ans. Ou un peu après comme Marilou Berry et Isild Le Besco à huit ans, Sara Giraudeau, fille de l'acteur Bernard Giraudeau, à onze ans. Nastassja Kinski, fille de l'acteur Klaus Kinski, Romane Bohringer et Clovis Cornillac ont attendu l'adolescence. Bertrand de Labbey semble convaincu qu'avec ces débuts si précoces, certaines voies sont toutes tracées. « J'ai connu Thomas Langmann, le fils de Claude Berri, très jeune. C'était un plaisir de discuter avec lui », se souvient-il. « Il était déjà dans le bain. Il semblait impossible de lui demander de faire autre chose. Il y a peut-être des chromosomes qui se transmettent... » Un ADN du jeu en héritage, donc... ou plutôt des opportunités obtenues grâce à leur entourage ? Car les coups de pouce donnés à ces « enfants de » ne sont pas uniquement ceux du destin.

Les coups de pouce des parents

Longtemps, Pierre Rochefort a voulu devenir musicien. Est-ce pour se démarquer de ses parents que le fils de Jean Rochefort et de Nicole Garcia a commencé par s'orienter vers une autre voie artistique ? « Je me suis rapidement interdit leur métier », concède-t-il à *Teleobs* en février 2015. Il faut dire que, côté comédie, la place était déjà bien occupée par sa famille : ses frères aînés, Julien Rochefort et Frédéric Bélier-Garcia, sont respectivement acteur et metteur en scène. Avec le hip-hop, au moins, pas de comparaison possible. Notamment membre du groupe de rap Désolé pour le bruit, il n'a pas manqué d'imagination pour se détacher de ses parents. Mais, malgré la création de son propre label, Homworkz, la mélodie du succès n'a pas pris. Alors, il s'est résolu à jouer une autre partition. Cours de théâtre et de clown, écriture d'un court-métrage et d'une pièce, passages furtifs dans la série *Les Revenants* ou dans *Les Adieux à la reine* de Benoît Jacquot... D'apparitions en petits rôles, Pierre n'arrive pas, malgré sept ans d'efforts, à se faire un prénom. Nicole Garcia, elle, ne perd pas espoir. « Elle m'a beaucoup poussé à faire ce métier. De temps en temps, elle me demandait de l'aider à apprendre son texte en lui donnant la réplique et comme je m'en sortais plutôt bien, elle me disait : "Tu devrais te lancer !" », raconte-t-il à *Paris Match*, dans le numéro du 7 février 2014.

La mère s'active pour sortir son fils de l'ombre. Elle avait déjà ouvert son carnet d'adresses pour l'épauler, afin de faire connaître les airs composés par son fils. Dans l'espoir de lui ouvrir les portes du cinéma, elle se démène encore davantage. La solidarité familiale bat son plein. Elle qui avait fait jouer Pierre, enfant, dans *Un week-end sur deux*, lui offre une apparition dans *Un balcon sur la mer*. Le soutient quand il se produit dans le off du festival d'Avignon, ou au nouveau théâtre d'Angers dirigé par son frère Frédéric. Contacte les directeurs de casting et sollicite les agents. Est-elle entendue ? Peut-être lorsque Lucas Belvaux propose à Pierre Rochefort le rôle d'un jeune officier de police dans *38 Témoins*, où Nicole Garcia joue justement l'un des trois rôles principaux. Le réalisateur connaît la comédienne depuis qu'ils ont travaillé ensemble sur le film *Les Prédateurs*. La présence de Pierre au générique ne suffit pas à lancer sa carrière.

Alors, la maman passe la vitesse supérieure. Elle écrit elle-même pour son petit dernier un rôle sur mesure, dans *Un beau dimanche*, au côté de l'acteur Jacques Fieschi. Un pari audacieux. Au point que le premier producteur avec qui elle s'est associée préfère abandonner le projet, mettant en haut de l'affiche un trentenaire quasiment inconnu. Mais, cette fois, les efforts paient. Avec 328 000 entrées, le film propulse Pierre Rochefort sur le devant de la scène. Son fils aîné, Frédéric Bélier-Garcia, n'a pas à être jaloux. Coscénariste de trois des films réalisés par sa mère, (*L'Adversaire, Selon Charlie, Un balcon sur la mer*), il a pu aussi compter sur son soutien. Nicole Garcia est allée jusqu'à Angers pour jouer dans des pièces qu'il a mises en scène.

La réalisatrice n'est pas la seule à tenter d'épauler sa progéniture. Car, pour faire sa place, mieux vaut avoir quelques relations. « Le premier rôle est plus simple à obtenir quand on a des parents dans le milieu », convient Éric Juhérian, cofondateur de la société de production Récifilms. « On sait qui contacter, on peut appeler de la part de... Et c'est plus facile quand, petit, on a sauté sur les genoux de celui qu'on tente de joindre. » Quand les parents ne décrochent pas eux-mêmes leur téléphone. « Je reçois des appels de familles qui me disent : "Mon fils a envie d'être sur un tournage, il est prêt à porter le thé..." », confie Bertrand de Labbey. Agent chez Artmédia pendant une vingtaine d'années, Dominique Besnehard n'a pas manqué d'être sollicité par ses prestigieux clients. Ainsi, Jean-Louis Trintignant lui a demandé de prendre en charge sa fille, Marie. Comment refuser de l'aide à des acteurs qu'il suit depuis des années et dont il a souvent connu les enfants au berceau ? Quand Laura Smet, fille de Johnny Hallyday et Nathalie Baye, lui demande un stage à l'agence, il accepte. Lorsqu'elle lui parle de son envie de devenir actrice comme sa mère, qu'il compte parmi ses proches, il lui présente Raymond Acquaviva, ancien professeur du cours Florent qui vient d'ouvrir son école. Autre actrice phare de l'ancien agent, Marlène Jobert a fait, elle aussi, appel à lui pour recevoir sa fille, Eva Green. Dominique Besnehard lui conseille des cours et l'accompagne à sa première audition. Puis lui présente des personnes clés : Catherine Hiegel, actrice et professeure au Conservatoire, ou la directrice de casting du film *Innocents-The Dreamers*, de Bernardo Bertolucci, et de l'un des James Bond, *Casino Royale*, premier marchepied de sa carrière.

Au moment des castings, aussi, un coup de main parental peut faire la différence. « C'est là où certains parents peuvent dire : "Au moins reçois-le, ensuite tu le prendras ou pas" », admet Bertrand de Labbey. Isabelle Adjani a saisi l'occasion d'une rencontre fortuite avec une amie comédienne pour lui signaler que sa nièce Zoé, avec qui elle déjeune ce jour-là, voulait devenir actrice comme l'a raconté Zoé au magazine *Elle* en mars 2015. Un message entendu par l'homologue qui, bonne camarade, n'a pas manqué de la présenter à une directrice de casting. L'actrice et réalisatrice Catherine Belkhodja, mère de Maïwenn et Isild Le Besco, actrices et réalisatrices également, a emmené ses filles de casting en maison de production. Les parents se démènent pour faire le lien. Parfois, les réalisateurs eux-mêmes cherchent à capter ces binômes. Comme l'explique Anny Duperey à *TV Magazine* en octobre 2014, à la suite du désistement d'un comédien quatre jours avant le tournage d'un épisode du téléfilm *Une famille formidable*, le réalisateur Joël Santoni lui aurait suggéré de proposer au fils qu'elle a eu avec Bernard Giraudeau, Gaël, de prendre la relève. Certains vont-ils plus loin en profitant de la présence de l'enfant dans leur distribution pour attirer les parents ? C'est, en tout cas, après avoir proposé un rôle à Lolita Chammah dans *Copacabana* que le réalisateur Marc Fitoussi a contacté sa mère, Isabelle Huppert, comme la jeune actrice l'a expliqué au Parisien le 7 juillet 2010.

Autre voie d'entrée pour se faire un prénom, le court-métrage. Là aussi, les relations familiales peuvent être bienvenues. Il faut bien se démarquer des quelque 600 films au format court qui reçoivent un visa d'exploitation en salles chaque année. Pour son deuxième court, *À l'abri des regards indiscrets*, Hugo Gélin, petit-fils des acteurs Daniel Gélin et Danièle Delorme, dévoile un casting impressionnant : Jean Dujardin, Isabelle Nanty, Alexandra Lamy, François Morel, Zabou Breitman, Cécile et Jean-Pierre Cassel... et son grand-père.

D'autres préfèrent prendre les choses en main eux-mêmes. Dans le cinéma d'auteur, on aime travailler en famille. Antonin Chalon, fils de la comédienne et réalisatrice Zabou Breitman, est resté dans le giron maternel. Quatre des films dans lesquels il joue ont été réalisés par sa mère. Pascal Thomas, le réalisateur du film *Valentin Valentin*, sorti en janvier 2015, a lui aussi fait tourner sa fille, Victoria Lafaurie. La jeune femme y a d'ailleurs donné la réplique à quatre autres « fils ou filles de » : Marilou Berry, Félix Moati, Christian Vadim et Géraldine Chaplin ! Brigitte Sy a fini par suivre l'exemple de son ancien mari, Philippe Garrel, en mettant à l'affiche de son film *L'Astragale*, sorti en 2015, son fils Louis et sa fille Esther. Multirécidiviste en la matière, Philippe Garrel a fait jouer son fils aîné, Louis, à six reprises, notamment pour ses deux premiers films, *Les Ministères de l'art*, en 1988, et l'année suivante, *Les Baisers de secours*.

Certains donnent plutôt de leur personne dans les projets de leurs enfants. Comme Fabrice Luchini, qui a accepté de jouer dans le film de sa fille Emma, *Un début prometteur*, sorti en 2014. On savait que les anciens acteurs de la troupe du Splendid cultivaient le sens de l'amitié. Ils semblent aussi avoir celui de la famille. Gérard Jugnot, qui a fait tourner son fils, Arthur, dans plusieurs de ses films, en sait quelque chose. Un soir de juillet 2010, celui-ci l'appelle à la rescousse pour venir remplacer au pied levé, et le texte à la main, l'acteur Gérard Rinaldi, victime d'un malaise lors d'une représentation de la pièce *Chat en poche*, de Feydeau. Et pour le premier film de sa fille, Marilou Berry, en tant que réalisatrice (*Joséphine 2*), Josiane Balasko a accepté de jouer… sa mère.

Même quand les parents n'aident pas, le nom reste un sésame. « C'est un passeport qui aide à entrer », accorde Bertrand de Labbey, « mais il faut ensuite avoir assez de talent pour durer ». Au point que certains choisissent d'utiliser le pseudonyme de leurs célèbres géniteurs. À l'image de Vincent et Cécile Cassel, nés Crochon, comme leur père, l'acteur Jean-Pierre Cassel. Bien avant eux, la lignée des Espinasse a préféré s'appeler Brasseur, se transmettant le pseudo de génération en génération, comme d'autres les titres de noblesse. Lola Dewaere a repris le nom de scène de son père, l'acteur Patrick Dewaere, dont le patronyme était en fait Bourdeaux.

Peu de places pour les nouveaux entrants

La Vie de rêve : le titre du long-métrage coécrit par Adnane et Hicham Tragha, actuellement en développement, ne reflète pas leur parcours professionnel. En montant ensemble leur société de production Pass Pass la Cam', en 2009, les frères jumeaux ont donné corps à leur passion d'enfance pour le cinéma. Depuis, ils n'ont pas ménagé leur peine pour se faire une place dans ce petit monde fermé, entre écriture et réalisation de courts et longs métrages ou de miniséries.

Mais, malgré des débuts prometteurs, notamment sur le Web, difficile de mener des projets à terme quand on n'est pas issus du sérail. Les frères nés à Ivry, tous deux titulaires d'un diplôme d'économie, n'ont pas de parents dans le métier, ni de réseau à activer. « À moins qu'il s'agisse de leurs proches, les comédiens très connus vont rarement dans des films d'inconnus. Nous, au départ, nous n'avions pas les codes. Sans talent, un enfant de la balle ne réussit pas plus qu'un autre mais il a sûrement sa chance un peu plus vite. Sinon, c'est plus long, il faut faire ses preuves. Bien sûr, Internet a permis une certaine démocratisation. Mais, au final, la famille du cinéma doit t'accepter, sinon c'est difficile », résume, philosophe, Adnane. Lassé d'attendre, c'est d'ailleurs seul qu'il a monté son film *600 Euros*, aujourd'hui en recherche de distributeurs.

Mais la marque de fabrique des Tragha, des histoires urbaines contées de façon humoristique et décalée, a tout de même séduit Luc Besson. « Il nous a repérés dans un festival. Trois jours après, nous étions dans son bureau », se rappelle Hicham. Le producteur leur a fourni des locaux à la Cité du cinéma, le « Hollywood sur Seine », qu'il a fait construire à Saint-Denis. Ce « pôle cinéma » abrite bureaux, plateaux de tournage et sociétés de production. Luc Besson a pour politique d'encourager les jeunes talents. Le réalisateur de *Lucy* ou du *Grand Bleu* s'est fait tout seul. Il est aujourd'hui le mari de la productrice Virginie Silla, sœur de l'actrice et réalisatrice Karine Silla, ex-compagne de Gérard Depardieu. Besson entre au capital de la société de production des frères Tragha. « Être associés à son image nous donne un atout, nous rend plus attirants », considère Adnane. La main tendue du producteur est une attitude peu commune. « Sans contact, obtenir un rendez-vous dans une société classique tient du miracle. Même les professionnels du cinéma dit d'auteur, qui vous donnent leur numéro quand vous les croisez à Cannes, ne répondent plus quand, ensuite, vous les rappelez », sourit Hicham. Préemptée par les lignées cinématographiques, cette industrie laisse peu de place à ceux qui n'en font pas partie. Et même ceux qui ont voulu ouvrir le cinéma vers d'autres horizons ne sont pas autant à contre-courant qu'ils le revendiquent.

« Je jure de ne pas écrire un scénario digne de ce nom ; Je jure de ne pas justifier la gratuité de mes scènes gratuites : violence, sexe, drogue, racisme et animaux ; Je jure que *Jojo le Gorille* apparaîtra dans chacune des productions Kourtrajmé... » Profession de foi mi-sérieuse, mi-potache de Kourtrajmé, collectif d'artistes né aux alentours de 1995, le *Kourtrajmanifest insurrectionnel* donne le ton. Ses participants n'ont qu'une obsession : renouveler un cinéma français qu'ils jugent poussiéreux et conformiste grâce à une transgression continuelle, entre humour régressif et provocation déjantée. Tarubi, de son vrai nom Wahid Mosta, qui fait partie des premiers membres de la bande, se souvient des débuts avec nostalgie. « Ce qu'on voulait, c'était créer un nouveau mouvement », résume-t-il. Alors, ensemble, ils tournent à cent à l'heure dans un aller-retour incessant entre Belleville, leur quartier, et la banlieue. *Les Frères Wanted III : Le Chat de la grand-mère d'Abdel Krim* ou *Saga des Psycho Negros, Y'en ai marre dé courir*, les titres sont sans queue ni tête. Mâtiné de culture urbaine, le style se nourrit d'influences hip-hop, de l'univers du graff, de l'atmosphère de la rue. Et les codes sont volontairement excessifs et sans compromis. « Un grand-angle qui déforme quasiment les visages, une caméra qui vole comme une abeille, des couleurs vives, une atmosphère électrique, énervée, une image qui rebondit sur le rythme de la musique, des personnages presque à la Tex Avery… L'univers était totalement novateur et délirant », explique Tarubi. Diffusés au débotté dans les soirées et les boîtes de nuit, les films de ces sales gosses séduisent. « On était frais, on était jeunes, on avait des idées. Dès que les gens voyaient les courts-métrages, ils voulaient tous en être », raconte encore Tarubi. Les acteurs Guillaume Canet, Samuel Le Bihan, Romain Duris ou Benoît Magimel s'en approchent. Au plus fort de sa gloire, au tournant des années 2000, Kourtrajmé rassemble environ 135 membres. Le collectif intrigue, et devient à la fin des années 1990 le symbole de l'antisystème.

À ceci près que ceux qui y participent ne sont pas aussi marginaux qu'il y paraît. À commencer par ses fondateurs. À quinze ans à peine, Romain Gavras et Kim Chapiron sont bien sûr animés par une rage et une énergie sans borne. Mais ils ne viennent pas de nulle part. Respectivement fils du réalisateur Costa-Gavras et du graphiste, peintre et cinéaste Christian Chapiron dit Kiki Picasso, les rebelles sont en réalité descendants d'artistes reconnus. Qui, chacun à leur manière, ont représenté, bien avant leurs fils, l'avant-garde indocile de la culture française. D'ailleurs, au sein du collectif, les rôles ne sont pas les mêmes pour tous. Les « héritiers » se cantonnent aux activités créatives. Les autres membres écument les festivals pour promouvoir les films. « J'ai fait Deauville, Cannes et j'ai beaucoup squatté à Canal », raconte Tarubi. « Je distribuais des DVD partout. »

Kim Chapiron et Romain Gavras se connaissent très bien : ils habitent le même entrepôt reconverti en loft du quartier de Charonne, dans le XXe arrondissement de Paris. Au dernier étage, un autre enfant de la balle leur sert de voisin : Mathieu Kassovitz. Dès ses six ans, Kim côtoie le réalisateur du film mythique, *La Haine*, sorti en 1995, et son ami d'enfance, Vincent Cassel. Ces deux « fils de » leur serviront de parrains. Mathieu Kassovitz serait même à l'origine du nom du collectif. Et, comme Vincent Cassel, il apparaît dans plusieurs de leurs réalisations. Les anciens ados rebelles font jouer leurs copains moins bien nés dans leurs premiers longs-métrages. Mais, pas à pas, les liens se distendent. « On habite toujours à côté les uns des autres, mais on ne se voit plus beaucoup. Alors qu'avant, nous étions toujours ensemble », raconte Tarubi. « Kim devient difficile à joindre. Il m'envoie des photos du monde entier, un peu comme le nain d'*Amélie Poulain* », préfère-t-il plaisanter. La nature a repris ses droits : les sales gosses ont grandi, les héritiers rentrent dans le rang.

Parti travailler en Afrique, Toumani Sangaré, le troisième fondateur, vivote de documentaires. Mais au cinéma, ce sont surtout les « fils de » qui, plus que les autres, ont sorti leur épingle du jeu. Eux seuls montent des projets de long-métrage, hormis Franck Gastambide, qui rencontre le succès, en 2012, avec le film *Les Kaïra*. Romain Gavras, qui alterne pubs et clips, s'est créé une petite notoriété avec la polémique autour du clip *Stress* réalisé pour le groupe Justice. Les stars du rap américain, Kanye West et Jay-Z, lui ont confié la réalisation de leur clip *No Church in the Wild*. Kim Chapiron, ancien pourfendeur du format long, a sorti son troisième film, *La Crème de la crème*, en 2014. Entre les enfants de la balle, l'entraide se poursuit. Vincent Cassel a joué et produit le premier long-métrage de Kim Chapiron, *Sheitan*, puis celui de Romain Gavras, *Notre jour viendra*.

De puissantes familles industrielles

Outre les lignées d'acteurs, d'autres grandes familles trustent les places dans un secteur ultra-concurrentiel. La dynastie Berri-Rassam est parmi les plus connues du cinéma français. Les producteurs Thomas Lagmann et Dimitri Rassam en sont les deux descendants. Le premier est le fils de Claude Berri et d'Anne-Marie Rassam. Le second est le fils du producteur Jean-Pierre Rassam et de l'actrice Carole Bouquet. Mais la famille la plus puissante reste les Seydoux. À eux seuls, les trois frères incarnent le « family business » à la française du septième art : Jérôme est président de Pathé, Nicolas de Gaumont, et Michel est producteur. Léa Seydoux, petite-fille de Jérôme, devenue une actrice très demandée, prolonge la dynastie sur grand écran. Son père, Henri Seydoux, est entrepreneur, et sa mère est l'héritière d'une autre grande famille, les Schlumberger. Succédera-t-elle un jour à son grand-père chez Pathé ? Chez Gaumont, la plus ancienne société de cinéma au monde, la transmission a déjà eu lieu : la fille de Nicolas, Sidonie Dumas, a pris les rênes en 2004. Gaumont fonctionne selon le bon vieux schéma du capitalisme patrimonial.

La production cinématographique a longtemps été un petit milieu difficilement accessible. « Jusqu'au milieu des années 1980, le secteur reste composé d'héritiers », rappelle le sociologue, Olivier Alexandre. « Si on regarde les producteurs, Georges de Beauregard, le producteur de la Nouvelle Vague, était issu d'un milieu bourgeois-aristocratique. Daniel Toscan du Plantier est issu de l'aristocratie savoyarde et fut marié avec l'actrice Marie-Christine Barrault. Humbert Balsan, le grand producteur du cinéma d'auteur français et international, est un héritier de la famille Wendel... » Depuis les années 1980, les grandes enseignes historiques, Gaumont ou Pathé, et les nouvelles MK2, UGC et EuropaCorp, ont œuvré à l'augmentation de la production, en multipliant les projets. L'occasion pour de nouveaux entrants de mettre un pied dans le système. « Mais le niveau de concurrence est tel que le facteur d'appartenance sociale et d'héritage ou de filiation, devient relativement prépondérant pour faire une carrière », souligne Olivier Alexandre.

La dynastie MK2 en est à la seconde génération. Quand Marin Karmitz crée sa maison de production, en 1967, il commence par des courts-métrages. Par la suite, ses productions rencontrant des problèmes de diffusion, il décide de devenir exploitant et ouvre sa première salle, place de la Bastille, à Paris, en 1974. Trente ans plus tard, MK2 est devenu le troisième réseau de salles de la capitale, avec onze complexes et cinq millions de spectateurs par an. Son fils, Nathanaël Karmitz, prend les rênes de l'entreprise en 2005, après avoir été responsable de la restauration du groupe et directeur du développement. Son frère, Elisha, a créé MK2 Agency, agence d'événementiel et régie publicitaire du groupe. Son concurrent est moins connu mais ne cesse de gagner des parts de marché : David Henochsberg est lui aussi un héritier de la seconde génération. Dans les années 1970, son père, Jean Henochsberg, restaurateur, a racheté plusieurs salles de cinéma d'art et essai à Paris, en commençant par L'Entrepôt, dans le XIVe arrondissement, puis Le Racine et Le Saint-Germain-des-Prés, Le Balzac, La Pagode... Après une petite expérience comme acteur et un parcours réussi dans la restauration, comme son père, il lui succède à la tête de la PME familiale en 2007. « J'ai été élevé dans les salles de cinéma », raconte-t-il. « Je regardais l'ensemble des films programmés, j'étais dans les cabines de projection, j'ai appris à projeter, à couper des bobines, à les remonter. Mais, à la différence de ma sœur, je ne voulais pas entrer dans l'entreprise familiale. Et puis, mon père a vieilli, et m'a dit un jour : "Il est temps que tu viennes reprendre les petites salles". » Sa sœur, Alexandra, a fondé sa propre société de production, Ad Vitam. David, lui, fait fructifier les affaires familiales. « Mon père faisait cette activité par passion », se souvient-il. « Moi je fais ça pour développer le groupe et gagner ma vie. Ce n'est pas du tout la même stratégie. Quand j'ai repris les cinémas, j'avais vingt-six ans. Il était inconcevable pour moi de passer les trente ou quarante prochaines années de ma vie professionnelle avec trois salles de cinéma. Il fallait que je me paie, et que je crée de l'emploi. Je suis un entrepreneur, j'aime ça. »

Première décision à son arrivée, céder le Racine-Odéon, un gouffre financier. « C'était un traumatisme pour moi de le vendre. Mais si je voulais préserver les salles historiques familiales, j'étais obligé afin de subvenir aux besoins des salles historiques. Imaginez comment le métier m'a regardé. Ça a fait grand bruit ! J'arrivais, en prenant la suite de papa, les gens du milieu ne me connaissaient pas, ne savaient pas d'où je venais, ignoraient que j'avais fait des affaires avant, ça a vraiment pris du temps. Les gens se méfiaient de moi. Comme c'est un métier extrêmement concurrentiel, un tout petit milieu, les gens sont très inquiets quand il y a un nouvel arrivant. Même si je n'en étais pas tout à fait un, puisque je fais partie de la famille

Henochsberg. Dans ce métier, on ne peut quasiment pas faire autrement. Dans l'exploitation et même les sociétés de distribution et de production reconnues, ce ne sont que des noms, des familles. »

Grâce à cette vente, il se lance dans le rachat de salles en province (Vichy, Lens...) et un gros projet de multiplexe porte des Lilas, à Paris, qui a ouvert en 2013. Avec des ouvertures de salles prévues aussi dans des villes de banlieue parisienne, il vise les 5 millions d'entrées... comme le groupe MK2. « La différence, c'est que je ne suis pas que parisien, mais je me développe dans toute la France », note David Henochsberg. « Et je ne fais que du centre-ville, je n'ai aucune salle dans des zones commerciales en périphérie. » Mais le distinguo ne s'arrête pas là. « C'est le père qui a fait grandir le réseau MK2, pas le fils », glisse-t-il. « Ça fait une différence. Nathanaël a hérité, il n'a rien créé de nouveau. Il a moins besoin de se développer que moi, il a un groupe qui fonctionne bien, qu'il faut gérer. »

Marius Colucci : confessions d'un « fils de »

C'est l'histoire d'un badaud qui débarque sur le tournage de *Petits Meurtres d'Agatha Christie*, à Lille, et s'approche d'une comédienne. « C'est ici le tournage avec le fils de Coluche ? » Réponse de la jeune femme, un brin agacée : « Oui, mais il s'appelle Marius Colucci et existe par lui-même. » Le badaud, du tac au tac : « Pour moi, c'est pareil. D'ailleurs, vous, vous êtes "la fille qui joue avec le fils de Coluche". » Des anecdotes comme celle-là, Marius Colucci en a à la pelle. Comme ces compagnons de fête d'un soir, qui passent la soirée à lui parler de l'humoriste, ponctuant leurs propos de « comme dirait ton père », en citant des phrases que lui-même ne connaît pas. Ou ce directeur de casting qui lui donne son avis sur la dernière chanson des Restos du cœur, que l'humoriste a créés en 1985. D'autres versent dans le mépris comme cette jeune comédienne de la Comédie-Française qui, dès qu'elle comprend qu'il est le fils du comique, le regarde avec condescendance. « Coluche avait une telle personnalité, c'était un personnage public si populaire qui a marqué son époque, il fait presque partie du patrimoine ! Je ne peux pas lutter contre mon ascendance. Il y a les "fils de", et les "fils de monstres sacrés" ! », admet en riant le comédien, qui a bien pensé à prendre un pseudo. « Mais je ne voulais pas qu'on croie que j'ai honte de mon père et ça aurait été ridicule. Ça se sait tellement vite ! »

Mais impossible d'embrasser une autre voie : son père le disait lui-même, Marius a « hérité de la boîte à maquillage ». « Tout petit, je voulais faire comme papa, je n'arrêtais pas de faire le clown », raconte le comédien. Il faut dire que le benjamin est quasiment né sur un plateau, puisque c'est bébé qu'il se retrouve, dans les bras de sa mère, sur le tournage de *Vous n'aurez pas l'Alsace et la Lorraine* réalisé par son père. Coluche récidive en 1982, en emmenant ses fils sur le plateau de *Deux heures moins le quart avant Jésus-Christ*. Puis la même année, pour *La Femme de mon pote*. Rien d'étonnant à ce qu'il ait rapidement désacralisé l'univers cinématographique. « Pour moi, c'était très naturel, je baignais dedans. Le côté "magie du cinéma", je l'ai perdu très vite », estime-t-il. « Je ne saurais dire à quel moment, un peu comme je ne me rappelle plus du jour où j'ai su que 2 + 2 font 4. Et quand j'étais ado, je n'ai pas regardé *Les Bronzés* comme un film culte. Je savais qu'ils étaient drôles, je dînais avec eux. »

Élevé au lait des tournages, le petit garçon se délecte des différentes ambiances de « cette microsociété, équipage d'un bateau soudé par une même envie de mener le navire à bon port ». Marius assimile leurs codes de fonctionnement. « Pour *La Femme de mon pote*, le tournage se déroulait dans un faux chalet avec de la neige artificielle. Avec mon frère, ça nous amusait beaucoup. Mais, on avait intégré que lorsqu'on entendait "moteur ça tourne", il fallait s'arrêter net. Et quand retentissait "coupez", on se jetait à nouveau dans la neige comme des fous. » Son apprentissage des médias a été tout aussi précoce. Dans *Les Rendez-vous du dimanche* avec Michel Drucker, en 1979, notamment : « Il me semblait parfaitement naturel de voir mon père sur l'écran de contrôle, mais plus incongru que ma mère, mon frère et moi, soyons là. » Mais aussi en juin 1983 sur le tournage houleux de l'émission *Droit de réponse* de Michel Polac, dans lequel Coluche, habillé en Zorro, simule un suicide. « Ça ne m'a pas du tout traumatisé, mon père était très client de ce genre, et j'ai passé la soirée sur les genoux d'une coco-girl », se souvient-il. « Je réponds parfaitement aux interviews, c'est ce que je sais faire de mieux. Ça a été mon premier métier. Pour la promo de mon premier film, sur le plateau du *20 heures*, j'ai eu plus de questions que l'ensemble du casting réuni ! », plaisante-t-il.

À force de faire le pied de grue derrière les caméras, Marius Colucci finit par passer de l'ombre à la lumière. À neuf ans, il exécute son unique duo avec son père, pour un clip réalisé par Jean-Baptiste Mondino. Mais à douze ans, c'est grâce à sa mère, amie du réalisateur Gérard Mordillat, qu'il décroche son premier rôle dans le film *Cher frangin*. « À l'époque, il n'y avait pas vraiment d'agents d'enfants. Les réalisateurs cherchaient parmi leurs proches. J'ai fait un casting, on m'a retenu. Habitué, j'étais sûrement moins intimidé devant la caméra. » Marius y développe des réflexes de jeu d'acteur. « Petit, on s'imprègne comme une éponge de ce qu'on voit. J'ai reçu de mon père des choses qu'il n'a pas particulièrement cherché à m'inculquer. Depuis toujours, même si je ne suis pas sûr de moi, quand je joue, je me lance à fond. J'ai aussi appris très tôt à masquer ma timidité derrière le mensonge du jeu. » Sa mère, qui l'emmène au théâtre et au cinéma, finit d'achever l'éducation silencieuse de son fils. « Plutôt que mon père, mes modèles étaient Buster Keaton ou Alain Chabat », confie-t-il.

Des débuts précoces qui ne l'empêchent pas de prendre des cours de théâtre à dix-huit ans. « Je suis arrivé plus vite sous les projecteurs, mais j'avais moins le droit à l'erreur. Je me trouvais mauvais et il y avait beaucoup d'effervescence autour du fait que le fils de Coluche veuille devenir comédien. Tant que tu es enfant, les gens ne te jugent pas. Mais en grandissant... » La rumeur de ses premiers castings se répand comme une traînée de poudre dans le milieu. « Il y avait beaucoup d'attente de la part de ceux qui espéraient que je me planterais, pour pouvoir dire : "Eh bien voilà, ce n'est qu'un fils de." Mais aussi de ceux qui, à l'inverse, sont tellement enthousiastes que je peux faire n'importe quoi puisque je suis le fils d'un père qu'ils adoraient. Et des personnes entre les deux, qui s'attendent à me voir faire du Coluche, et qui sont déçues. »

Son ascendance lui interdit certains rôles. « Mon côté "fils de" fausse la perception du spectateur. Je ne peux pas faire une apparition dans le court-métrage d'un ami, sans que, plutôt que de juger son travail, tout le monde cherche à comprendre pourquoi on a pris le fils de Coluche. » Difficile aussi de viser un répertoire dramatique. « Comme par atavisme, j'ai forcément pris un peu de mon père, et que je dégage une image avenante et populaire, on s'imagine que je ne peux faire que le comique de service. Au début, à chaque fois qu'on me proposait un casting, je fonçais. J'y croisais toujours des humoristes ! On attendait que je fasse mon show alors que je cherchais à devenir comédien. »

Avec une trentaine de films et téléfilms au compteur, la carrière de Marius s'installe. Le patronyme paternel lui ouvre d'ailleurs des portes. « Certains producteurs veulent faire des coups. Quand on m'a contacté pour la série *Interventions*, en même temps qu'Anthony Delon et Charlotte Gaccio, je les ai vus venir de loin ! » Même pour la série des *Agatha Christie*, l'image de son père lui colle à la peau. « Lorsque j'ai passé le casting, on m'a pris tout de suite, ce qui n'arrive jamais. Comme si le réalisateur voulait juste vérifier que le "fils de" sûrement imposé par la productrice savait quand même jouer. » Récemment, Marius Colucci s'est lancé dans la chanson. Histoire, entre autres, de tracer sa propre voie. « Mais une critique m'a assassiné en disant : "Textes nuls, il bouge mal, c'est dur d'être le fils de son père !" »

7

Le business du nom

L'idée le titillait depuis longtemps. Par le biais de *10 %*, la fiction télévisée qu'il a produite, Dominique Besnehard a donné corps à un projet de longue date. La série, qui sera diffusée fin 2015 sur France 2, raconte le quotidien d'une agence de comédiens et s'inspire de son passé d'ancien agent. « L'idée est de s'amuser d'un métier très exposé, de raconter l'envers du décor, avec pas mal d'autodérision », explique Fanny Herrero, scénariste de la série. À chaque épisode, une star du cinéma français interprète son propre rôle : Cécile de France, Joey Starr, Julie Gayet, François Berléand, Françoise Fabian, Line Renaud. Entre autres intrigues, celle des « fils et filles de » est vite apparue incontournable. « Parmi les grands thèmes, celui-ci s'imposait car il relève quasiment de la tragédie antique et de la mythologie : les relations entre mère et fille, comment tuer le père... C'est universel et ça nous parle à tous », poursuit Fanny Herrero. Mais l'épisode n'a pas été facile à monter. Les stars envisagées pour incarner le binôme ont montré beaucoup de résistance. Gérard Jugnot, notamment, pressenti avec son fils Arthur, a fini par refuser. À tel point que les scénaristes se sont tournés vers des binômes de frères ou de sœurs. Finalement, Nathalie Baye et la fille qu'elle a eue avec Johnny Hallyday, Laura Smet, ont accepté le projet. Une belle affiche pour la série : ce sera la première fois qu'elles apparaissent à l'écran ensemble. Et qui repose sur un lien de confiance avec le producteur. Ami de longue date de Nathalie, Dominique Besnehard a confié avoir lui-même mis le pied à l'étrier à Laura, dans *Casino d'hiver*, son autobiographie parue chez Plon en février 2014.

La série a réussi ce dont beaucoup de producteurs de cinéma rêvent : un duo parent-enfant célèbre en tête d'affiche. Depuis que le cinéma répond à des logiques économiques, la recherche des états civils déjà bien identifiés du grand public est devenue prioritaire pour ceux qui financent le septième art. Aujourd'hui, dans le cinéma, le nom est devenu un business. Impossible de monter un film sans avoir l'un des quelques acteurs dits « bankables ». Surtout si on aspire à un budget conséquent. « En France, hormis pour les films à petit budget, c'est extrêmement compliqué de monter un film sans noms », confirme Françoise Menidrey, la papesse du casting depuis plus de trente ans. « Trouver 5 ou 6 millions d'euros de budget devient très difficile parce qu'il y a un risque et que les financiers n'y vont pas. Et si on a un budget de 10 millions d'euros, c'est que le casting est forcément conséquent. »

Évidemment les rôles-titres sont les premiers concernés par cette course au patronyme. « Il est évident que plus on a de gros projets, plus on ressent une vraie pression de l'extérieur pour les premiers rôles », reconnaît aussi Nathalie Chéron, directrice de casting de nombreux films, du *Grand Bleu* à *Lucy* ou *Guillaume et les garçons à table !* Au point que, depuis quelques années, l'ordre de priorité s'est inversé. Et que la recherche des stars de l'écran conditionne souvent à l'heure actuelle celle du financement. « On appelle ça la "consultation" », ironise Nathalie Chéron. « Le producteur appelle, il n'a pas de budget, et vous fait intervenir en tant que "consultant". C'est-à-dire qu'il vous attend comme le messie pour trouver les acteurs qui permettront le financement du film. »

Quand producteur il y a… « Quand j'ai démarré, on avait le producteur et il fallait trouver les acteurs », se souvient Françoise Ménidrey. « Aujourd'hui, dans au moins un tiers des cas, on intervient bien plus en amont, puisqu'on a besoin d'avoir les acteurs pour trouver un producteur et monter des projets. » À la télévision, le phénomène prend des allures de diktat. « Que les chaînes donnent leur accord sur les rôles principaux, je peux l'entendre », estime Françoise Menidrey. « Mais avant, on ne devait pas rendre sa copie sur l'ensemble du casting. Aujourd'hui, le moindre petit rôle doit être soumis à leur approbation. Elles décident du metteur en scène, du chef opérateur, même du directeur de casting. » Dans le cinéma aussi, les seconds rôles sont désormais concernés. « Il y a une vingtaine d'années, c'était plus facile, on imposait moins de choses. Si on avait une ou deux têtes d'affiche, cela suffisait. Aujourd'hui, on nous demande des noms même pour ouvrir une porte ! », se désole Nathalie Chéron.

C'est qu'en s'industrialisant, les œuvres de fiction sont conduites par de nouvelles priorités. « Les considérations ne sont plus principalement artistiques », reconnaît Ingrid Lanzenberg, elle aussi directrice de casting. « Derrière, il y a des financiers avec des discours qui montrent qu'on fait avant tout du business. » Le secteur est devenu affaire d'argent tout autant que d'art. La rentabilité prime. « Lorsque j'ai débuté, le fonctionnement de ce milieu était artisanal. On réfléchissait davantage aux notions de plaisir, de créativité », se souvient Françoise Menidrey. « On ne se focalisait pas sur les chiffres et on faisait les films que les réalisateurs avaient envie de faire. Aujourd'hui, quand vous parlez d'un film que vous avez aimé à un professionnel, il vous répond : "Ah oui, super il a fait 15 % ou tant d'entrées." On ne parle plus que de ça, ça me laisse sans voix. »

Résultat, loin d'être un simple dialogue entre le réalisateur, le directeur de casting et les agents, le choix des acteurs incombe maintenant prioritairement à d'autres intervenants. Le pouvoir a changé de mains. « Les chaînes, les distributeurs, les exploitants, tout le monde s'en mêle. L'accentuation de leur pouvoir a commencé au moment de la privatisation de TF1. Aujourd'hui, ce sont eux qui disent : "Oui, ce casting nous intéresse", eux qui ont le *final cut* », rappelle Françoise Ménidrey. « Tous sont à la recherche de rendement. En coproduisant, les chaînes pensent à leur *prime time*. Quand elles mettent une certaine somme d'argent, c'est comme si elles produisaient un téléfilm. Les distributeurs et les exploitants cherchent à faire venir des gens dans les salles. »

Les chaînes font la loi

Aux manettes, donc, TF1, Arte, France 2, France 3 et M6 sont des acteurs de premier plan. Mais surtout Canal +, poumon du cinéma français, qui représente à lui seul la moitié du financement par la télévision. Ce sont environ 20 % de ses ressources totales annuelles qui sont investies dans l'acquisition de films. Sous l'égide de Nathalie Coste-Cerdan, Nicolas Dumont, directeur des acquisitions du cinéma français, ainsi que ses deux bras droits Sara Wikler et Sandra Mirimanoff épluchent tout au long de l'année 600 projets de films. Au final, Canal + en préachète environ 120, soit la moitié des productions françaises. Logique que, dans ces conditions, la chaîne fasse la loi dans le lancement des projets et le choix des acteurs qui les portent.

Que ce soit à leur propre initiative, ou pour s'adapter à la logique des financiers, les producteurs se mettent donc en quête d'états civils attractifs. « J'ai du mal à croire que le producteur qui a choisi Léa Seydoux pour l'un de ses premiers films n'avait pas une idée derrière la tête. Le scénario est improbable, le reste du casting inconnu, et la réalisatrice en était à son premier court-métrage », estime un professionnel expérimenté qui ne tient évidemment pas à être cité. « En tout cas, Pathé l'a sorti ! » Léa Seydoux, petite-fille de Jérôme Seydoux, propriétaire de Pathé, et petite-nièce de Nicolas Seydoux, propriétaire de Gaumont, a ensuite eu une carrière fulgurante. Nommée quatre fois aux Césars, elle joue aussi l'un des deux rôles principaux dans *La Vie d'Adèle*, Palme d'or à Cannes en 2013.

À la tête de la maison de production Arts Premiers, Charles Paviot n'en fait pas mystère : « Nous commençons nos démarches par les distributeurs de salles puis viennent les chaînes. L'une des premières questions est de savoir qui est au casting, on le conçoit aussi pour les séduire. » Chaque chaîne, chaque distributeur, chaque exploitant a ses préférences. Les critères précis restent obscurs. « Si je pouvais mettre la main sur la ménagère de moins de cinquante ans, elle passerait un sale quart d'heure », plaisante à moitié Nathalie Chéron. « Malheureusement, nous n'avons pas de contact direct avec les financiers. Le producteur se contente de revenir vers moi en me disant : "Untel n'est pas 'assez fort' pour TF1 ou Canal, untel n'est pas adapté à M6." Ils se sécurisent de partout, ils verrouillent. »

Les modes varient. Héros de téléréalité ou de télécrochets, présentateurs ou chroniqueurs télé, inconnus devenus des stars d'Internet en un éclair sous prétexte de buzz ont le vent en poupe. À l'heure actuelle, les comiques issus du stand up, mais aussi Dany Boon, Kad Merad, Gad Elmaleh sont les plus recherchés. Désormais plus souvent issus des meilleures écoles de commerce que des plateaux de cinéma, les financiers appliquent les recettes managériales à l'industrie cinématographique. Résultat, les films sont des produits marketés où le patronyme se métamorphose en marque. Le leitmotiv : obtenir le risque zéro pour dégager autant de bénéfices que possible. « Cette obsession des acteurs connus, dont on estime qu'ils vont faire de l'audimat ou faire vendre des places au cinéma est permanente », assure Françoise Menidrey.

Le hic, c'est que les plus demandés sont difficiles à convaincre. Pour les obtenir, les financiers sont prêts à tout. « Avec une concurrence si sévère, il faut à tout prix exister », assure Lionel Amant, agent chez Film Talents. Pourquoi dès lors, ne pas contacter les enfants dans l'espoir d'attirer les parents ? Ou, à défaut des géniteurs, au moins bénéficier de l'aura de leur nom en employant leurs héritiers ? « Ceux qui financent parlent d'"accroche", ils aiment bien ce terme », explique Françoise Menidrey. « Un petit nom, ou le nom d'une star porté par ses proches, peut évidemment jouer. » Quitte, faute de mieux, à substituer son principal représentant par l'un de ses enfants. « Quand les investisseurs nous disent : "Je ne vois pas qui c'est ?" Répondre : "Mais si tu sais, c'est la fille de, la sœur de", ça peut aider à débloquer les choses, ça rassure », précise Hicham Tragha, à la tête de la maison de production Pass Pass la Cam, avec son frère.

Certains ont fait les frais de ces calculs d'apothicaires. Comme ce réalisateur qui, avant de pouvoir tourner son téléfilm pour TF1, a dû subir de nombreuses propositions de la chaîne pour son casting : « Pourquoi pas Alexandre Brasseur par exemple ? » Comment être sûr par ailleurs que l'état civil d'Anthony Delon, qui n'était pas apparu sur les écrans depuis trois ans, comme ceux de Marius Colucci, le fils de Coluche, et Charlotte Gaccio, fille des humoristes Michèle Bernier et Bruno Gaccio, tous présents au générique, n'aient pas pesé dans la balance au moment où TF1 a décidé de frapper un grand coup à la rentrée 2014 avec sa nouvelle série phare *Interventions* ? Sœur de Sagamore Stevenin, héros de la série *Falco* pour TF1, et elle-même à l'affiche de plusieurs téléfilms, Salomé Stévenin, fille de Jean-François, admet que s'engage parfois un dialogue de sourds. « Ça peut être difficile d'être avec des gens qui ne parlent pas la même langue que toi, mais produits, marketing, alors que tu as bossé avec des créateurs qui font leurs films comme de grands artisans. Il y a toujours un besoin d'authenticité qui te fait souffrir quand tu es dans un univers superficiel et que toi tu veux quelque chose de profond. »

Même le théâtre met désormais en scène des « fils et filles de ». L'adaptation française de la pièce *Life on the refrigerator door*, actuellement en cours, retrace un dialogue entre une mère et sa fille communiquant par Post-it sur frigo interposé. Des couples mère-fille célèbres comme Jane Birkin et Charlotte Gainsbourg, Nathalie Baye et Laura Smet, ou Michèle Bernier et sa fille, Charlotte Gaccio, auraient été approchés... « Comme beaucoup de financiers ont peur de se planter, le moindre début de notoriété est bon à prendre », résume Lionel Amant.

Les financiers le savent, mettre à l'affiche un « enfant de » peut être un moyen de se démarquer en séduisant les médias, friands d'histoires de famille à conter à leurs lecteurs ou téléspectateurs. « Quand on lui propose certains comédiens, le producteur nous répond : "Il ne fera pas la promo" », raconte Nathalie Chéron. « Que ce soit parce que tel type d'acteur refuse de se prêter au jeu ou parce qu'il ne fera pas d'audience. » D'autant que les journalistes ont de moins en moins le loisir de visionner les films. « Beaucoup d'investisseurs sont tellement inquiets de se faire descendre par la critique qu'ils préfèrent ne plus faire de projection de presse », rappelle Charles Paviot. Dans ces circonstances, comment attirer l'attention du public autrement qu'en parlant du casting ? Et avec les « enfants de », la fameuse *story* censée séduire les lecteurs ou téléspectateurs est toute trouvée. « Sur le plan purement médiatique, un acteur qui est un "fils de", s'il commence à exister par ses qualités, fera beaucoup plus facilement une émission chez Ruquier ou Drucker », convient l'agent Bertrand de Labbey. Le business autour des noms célèbres n'a pas été inventé par l'industrie cinématographique. Avant elle, les secteurs de la mode et du design avaient montré la voie.

Quand les marques draguent les enfants d'artistes

New York, 31 mars 2015. Une valse de voitures sombres défile devant le seuil du Park Avenue Armory. Une à une, les portières s'ouvrent, laissant s'échapper les célébrités, qui s'immobilisent un instant, illuminées par des nuées de flashes. Mais la pluie battante accélère la séance. Protégées par de gigantesques parapluies noirs, les stars grimpent sans tarder les escaliers pour franchir les portes de l'ancien bâtiment militaire devenu l'incontournable scène de la culture new-yorkaise. Pour le désormais traditionnel défilé « Chanel Métiers d'art », dont la treizième édition se tient ce jour-là à New York, Karl Lagerfeld a convoqué tous ses amis français ou américains. Afin d'assister à la présentation de la collection « Paris-Salzburg », Pharrell Williams et sa femme, Patti Smith, Julianne Moore, Élodie Bouchez, Anna Mouglalis, et même Beyoncé, très rare dans ce type de manifestation, tous ou presque de Chanel vêtus, sont présents. Assis sur des fauteuils tapissés, le gotha du show-business regarde défiler les mannequins, dans un décor aux allures d'Ancien Régime. La collection se réfère en effet expressément aux costumes d'époque de la cour autrichienne du XIXe siècle et à l'une de ses plus célèbres impératrices, Sissi. Mais les accents royaux n'imprègnent pas uniquement le défilé. Ils sont aussi du côté des spectateurs. Ce jour-là, les lignées familiales de l'aristocratie artistique sont à l'honneur. Rainey et Margaret Qualley, les deux filles d'Andy MacDowell, mais aussi Tali Lennox, fille de la chanteuse Annie Lennox, Lily Collins, fille du batteur et chanteur Phil Collins, Dylan Penn, fils des acteurs Sean Penn et Robin Wright, Dakota Johnson, fille de Don Johnson et de Mélanie Griffith, Julia Restoin Roitfeld, fille de la papesse de la mode Carine Roitfeld, Kendall Jenner, demi-sœur de Kim Kardashian... L'événement est même un véritable repère d'« enfants de », à la carrière plus ou moins amorcée et venus avec ou sans leurs parents.

Avant la présentation, la plupart ont d'ailleurs pris la pose devant l'espace réservé au shooting des célébrités. Mais la star de la soirée est incontestablement Lily-Rose Depp. Jusque-là très protégée par ses parents, la fille de Johnny Depp et Vanessa Paradis est officiellement intronisée avec cette première sortie publique dans une soirée VIP, sorte de bal des débutantes d'un nouveau genre. Maquillage, posture, mimiques et surtout tenue Chanel haute couture de la saison printemps-été 2015, la jeune fille est scrutée des pieds à la tête. Au point d'éclipser son égérie de mère, pourtant symbole de la marque aux deux C depuis 1991. Il faut dire que Vanessa Paradis a pris soin de ne pas voler la vedette à sa fille, la laissant seule face aux photographes. Et que le créateur a placé mère et fille au premier rang de la manifestation.

Très attendue, l'héritière de l'ancien couple mythique, âgée de quinze ans à peine, n'a pourtant pas encore eu l'occasion de faire ses preuves. Ses faits d'armes : une micro-apparition, de quelques secondes à peine, en 2014 dans *Tusk* de Kevin Smith, réalisateur très proche d'un certain Johnny Depp, également acteur du film. Puis un rôle plus conséquent dans *Yoga Hosers*, toujours dirigé par Smith, cette fois-ci aux côtés de Harley Quinn, fille du réalisateur et meilleure amie de Lily-Rose, et de papa Depp qui tient aussi l'un des rôles-titres. Pour l'instant, sa carrière personnelle en est à ses prémices.

Le monde de la mode n'en a cure. Et les back stages bruissent déjà de l'arrivée de Lily-Rose au sein du club très convoité des égéries de Chanel. En matière d'héritiers, Karl Lagerfeld n'en est d'ailleurs pas à son coup d'essai. Quelques jours avant, le « Kaiser » avait choisi de présenter la fille cadette d'Inès de La Fressange, autre ancienne muse du créateur, en le désignant dans *V Magazine*, en mars 2015, comme sa nouvelle source d'inspiration. Après sa grande sœur Nine, égérie de la marque Bottega Veneta en 2011, Violette suit les traces de sa mère en se lançant dans le mannequinat... un an avant même d'avoir le droit de défiler sur les podiums français – il faut avoir au moins seize ans. Il faut dire que l'ado, habituée des défilés auxquels elle assiste depuis ses dix ans, a déjà été l'héroïne d'une campagne publicitaire – celle de la bien nommée marque Sœur – et de séances photos pour *Vanity Fair* en octobre 2014 et *Vogue Paris* en décembre de la même année. Avant elle, Lagerfeld a fait monter sur l'estrade Hudson Kroenig, fils du mannequin Brad Kroenig, âgé de trois ans à peine pour sa première apparition aux côtés de son papa !

Le créateur n'est évidemment pas le premier à associer une marque à des VIP. Une autre jeune femme a provoqué de nombreuses rumeurs dans le petit milieu de la mode : Marie de Villepin, qui commença sa carrière à New York, sous un pseudo, Marie Streiss. Mais sa véritable identité a vite été dévoilée. Alors que son père, Dominique de Villepin, était Premier ministre, la jeune femme entrait de plain-pied dans le monde des stars et des paillettes. En 2006, elle devient l'égérie de Givenchy pour son nouveau parfum, Ange ou Démon, puis représente la marque italienne Krizia l'année suivante. Un beau tremplin puisque, depuis, Marie de Villepin s'est lancée dans le cinéma, en reprenant son vrai nom de famille. Actrice pour le film *Yves Saint Laurent*, de Jalil Lespert, elle y incarne une des muses du créateur. Tout en développant des projets musicaux, dans deux groupes différents, dont l'un, Uni, avec Charlotte Kemp Muhl, la petite amie de Sean Lennon, le fils de John.

Les stars et les marques ont un long passé commun, d'abord tissé par le biais de la publicité. Apparu aux États-Unis, le « celebrity marketing » utilise depuis presque un siècle la notoriété des stars pour promouvoir des enseignes. Mais la technique s'est réellement implantée en France il y a environ vingt-cinq ans. Introduite par le savon Lux à la fin des années 1920, le « savon des stars » a connu des centaines d'actrices ambassadrices internationales. Et s'est tourné vers les Françaises dans les années 1980, avec notamment Isabelle Adjani en 1983. Depuis, le filon prospère. Entre 2002 et 2008, selon l'agence Kantar Media (ex TNS Media intelligence), le nombre de campagnes publicitaires associées à des VIP a bondi de 1 200 à plus de 4 000. En France, 5 % des publicités font appel à des personnalités. Incarner une marque, participer à un film publicitaire, assister à une soirée de lancement de produit, porter un vêtement ou un accessoire, parrainer un événement, animer une page Facebook… les formes de partenariat sont désormais multiples.

Quoi de mieux pour donner une image positive, nourrir l'imaginaire des consommateurs et offrir un supplément d'âme au produit ? En s'associant à un visage connu et aimé par le public, la marque s'assure aussi que l'affect lié à une personnalité rejaillira sur la gamme qu'il incarne. Aucun doute, en accroissant la notoriété des entreprises, le nom fait vendre. Ainsi, Robert Hossein a permis au numéro 1 des prothèses auditives, la marque Audika, jusque-là confidentielle, de se faire connaître chez 82 % des plus de soixante ans, selon un sondage IFOP de février 2011. « Les consommateurs ont changé : on ne peut plus se contenter de s'adresser à eux avec une campagne de masse décidée aux États-Unis et simplement traduite pour l'international », analyse Quentin Bordage, fondateur de Brands and Celebrities qui, fort de 3 000 clients et 2 400 célébrités, met en lien les marques avec des stars susceptibles de promouvoir leur entreprise. « Les marques doivent restaurer la confiance : la meilleure façon de le faire est d'utiliser des ambassadeurs connus et donc garants de cette confiance. Ils correspondent à une cible, qui permet de renforcer ou élargir celle de la marque et, si leurs valeurs sont en congruence avec celles de la marque, assoient sa crédibilité.

Selon les études que nous avons effectuées, la participation d'une célébrité à une publicité augmente la notoriété spontanée de 111 % et la mémorisation du message de 73 %. »

Mais, alors que l'utilisation des icônes prolifère, la concurrence se fait rude pour dénicher la star à la fois adaptée et disponible. Sans compter que, hormis cette saturation, les contrats qui lient les personnalités les plus cotées aux enseignes, atteignent des sommets : 1 million d'euros à Gérard Depardieu pour deux publicités Barilla en 1994, 5 millions pour deux ans de participation de Johnny Halliday à la campagne Optic 2000 en 2006, 450 000 euros à Gad Elmaleh pour les sept films publicitaires de LCL.

Lou Doillon, Ilona Smet, Alain-Fabien Delon... : la relève

Le casting est incessant : il faut trouver, encore et toujours, de nouveaux ambassadeurs, qui attireront si possible l'attention et seront abordables. C'est là que les « enfants de » entrent en scène. « Nous recevons de plus en plus de demandes pour des enfants de célébrités », explique Quentin Bordage. « Le phénomène s'est accentué au milieu des années 2000 et s'accélère encore depuis 2010. » Ainsi, Eva Green, fille de l'actrice Marlène Jobert, pour Montblanc en 2008, ou Lou Doillon, la fille de Jane Birkin et du réalisateur Jacques Doillon, pour Maje en 2009, font partie des premières à s'associer à des campagnes d'envergure. Pas encore aussi répandue en France qu'aux États-Unis, l'utilisation des « fils et filles de » par les marques suit un chemin ascendant dans l'Hexagone. Bien sûr, les plus convoités demeurent les enfants des familles mythiques. La marque Zapa ne s'y est pas trompée en réunissant pour une campagne Ilona Smet, fille d'Estelle Lefébure et David Hallyday, et Alain-Fabien Delon, le fils cadet d'Alain.

En héritant des traits parfois, du nom souvent, de leurs parents, sans engager les budgets élevés qu'impliquent ces derniers, recruter des petits princes du show-biz constitue un choix intéressant pour les marques. Ils concilient la bienveillance qu'inspire leur famille et la curiosité des fans pour les rejetons de leurs idoles, qu'ils ont parfois vu grandir dans les magazines depuis leur plus jeune âge. Facile de créer une cour autour des derniers-nés de ces lignées. Le public a l'impression de les connaître depuis toujours, de suivre leur quotidien. « Pour les marques, mettre en scène parent ou enfant, voire un enfant seul, est un moyen idéal d'illustrer les valeurs de transmission, d'héritage, de pérennité, d'intergénérationnel qu'elles souhaitent incarner. Le luxe, la mode, le textile et la joaillerie sont très demandeurs de ces caractéristiques. De plus, c'est une façon pour elles de s'associer à l'image iconique des stars tout en rajeunissant et modernisant leur image. En faisant référence aux plus anciens, elles ciblent à la fois la génération des parents (les acheteurs) et des enfants (les prescripteurs) à moindre coût », explique Quentin Bordage.

Tout en engendrant un affect que des inconnus n'auraient pas, et en voyant les valeurs et l'imaginaire véhiculés par leurs parents rejaillir partiellement sur eux, les héritiers véhiculent néanmoins une image moins forte. Encore méconnus, pas de risque qu'ils focalisent l'attention sur eux plus que sur le produit, en cannibalisant le message de la marque par leur aura. Les « enfants de » ont aussi l'avantage d'offrir du sang frais aux marques soucieuses de se renouveler et se démarquer, en créant la surprise. Le tout pour des montants bien plus abordables : alors qu'une star installée n'acceptera rien en dessous de plusieurs centaines de milliers d'euros, atteignant sans mal le million, la fille de celle-ci, encore en devenir, avoisinera les 100 000 euros.

« S'ils n'ont pas de notoriété propre, il est difficile de les employer pour des campagnes au long cours », tempère Quentin Bordage. « Mais pour devenir mannequin, ou participer à des soirées promotionnelles, ça peut être très suffisant et efficace. » Ainsi, Annabelle Belmondo, petite-fille de Jean-Paul, a participé avec Ana Girardot, héroïne de *La prochaine fois je viserai le cœur*, mais aussi fille d'Hippolyte Girardot et d'Isabel Otero, à la soirée « Cinéma Paradiso » du Grand Palais, à Paris, parrainée par Paco Rabanne. Romane Bohringer et Lou Doillon sont aussi des habituées de ce type d'événements.

Comptoir des Cotonniers a construit sa promotion autour des couples mère-fille depuis plusieurs années. Le dernier en date rassemble Sarah Lavoine, l'épouse du chanteur Marc Lavoine, et sa fille Yasmine. Les deux femmes ont inauguré, au printemps 2015, la nouvelle boutique du quartier Saint-Sulpice, dans le VIe arrondissement parisien, entièrement décorée par Madame Lavoine *herself*. La soirée a été ponctuée d'un showcase de Vanille Clerc, la fille de Julien Clerc. Les exemples ne manquent pas. Alain-Fabien Delon est apparu pour la soirée de lancement du magazine *People* en Allemagne, à Berlin, le 17 mars. Rien qu'au printemps dernier, Ilona Smet a été aperçue à une soirée Dior, Izïa Higelin à la soirée The Kooples, place Vendôme, pour célébrer la « Men's Fashion Week » et Ana Girardot au cocktail Balmain chez Montaigne Market, célèbre magasin de luxe du VIIIe arrondissement. Tandis que Delphine Depardieu, fille du producteur Alain Depardieu et nièce de Gérard, et Sarah Marshall, petite-fille de Michèle Morgan, ont célébré le nouvel an russe chez Castel.

Résultat, dans cette alliance avec des marques, les « enfants de » bénéficient de leur nom, souvent avant même d'avoir eu le temps de se faire un prénom. D'autant que ce mariage sert tout autant leurs intérêts. L'artiste en herbe peut élargir son audience en se faisant connaître par le plus grand nombre, augmenter ses revenus et étendre son pouvoir d'influence. Car, au départ mal vu, le partenariat avec une enseigne prestigieuse est aujourd'hui perçu de façon bien plus positive. Parfois même, la logique s'inverse, comme le reconnaissait Isabelle Adjani dans le magazine *L'Express* du 22 juillet 2009 : « La valorisation d'une actrice passe par le fait d'être l'image d'une marque, ce qui est un comble. » Si le succès de Charlotte Gainsbourg lui assure une notoriété propre qui a sans nul doute attiré Gérard Darel, il n'est pas seul en cause. « Sa carrière est bien sûr son premier atout, mais n'est pas la seule raison de son succès auprès des marques. Son parcours autant que la lignée Gainsbourg en font la femme française par excellence », assure Nathaniel Aron, photographe notamment pour la mode et chef opérateur pour le cinéma.

Les familles royales aussi suscitent, sans surprise, l'intérêt des marques. Pauline Ducruet, la fille de Stéphanie de Monaco, est devenue à vingt ans l'égérie des produits de beauté Lancaster pour sa campagne asiatique en janvier 2015. C'est aussi dans les cosmétiques que Charlotte Casiraghi, sa cousine, s'est illustrée en représentant la maison Gucci depuis 2014. Et si l'héritier a eu la bonne idée de commencer à façonner une image propre par le biais des réseaux sociaux, c'est encore mieux. Sur Instagram, Ilona Smet est suivie par plus de 5 000 abonnés. En avril 2015, Lily-Rose Depp y était suivie par environ 250 000 internautes. Après son apparition au défilé Chanel, elle a gagné 50 000 followers sur son compte en moins d'une semaine. Dans la mode, les héritiers ne sont pas seulement instrumentalisés par les marques. Les enfants de créateurs sont les premiers à utiliser le patronyme paternel ou maternel pour booster leur carrière.

Les grandes maisons de mode jouent sur leur nom

Rivée sous le porche d'un immeuble de la rue Chauchat, la plaque professionnelle affiche silencieusement son ambiguïté. En haut du rectangle doré est inscrit le dernier nom en date de l'agence de design : studio Putman. Le prénom d'Andrée Putman, la défunte créatrice de l'entreprise, a, lui, disparu de l'appellation, au moment où Olivia Putman, sa fille, a repris l'entreprise familiale, en 2007. En dessous, pourtant, la reproduction de la signature de la célèbre créatrice, gravée dans la plaque, est toujours là. Équivoque, la double identité de l'endroit tisse un lien entre passé et présent. Comme si Olivia Putman n'osait pas se dégager totalement de l'empreinte maternelle. L'élégante quinquagénaire, qui nous reçoit dans les lumineux appartements haussmanniens transformés en bureaux, témoigne de cette hésitation patronymique. « Les clients appelaient encore l'agence Andrée Putman au début, mais assez vite, l'ont nommée le studio Putman », raconte-t-elle. « On a enlevé le prénom parce que je trouvais ça important de ne pas être trop éponyme. J'ai aussi changé l'adresse e-mail, beaucoup plus tard. Mais la SARL s'appelle toujours Andrée Putman, parce que je n'ai pas pris la peine d'aller au greffe effectuer le changement. Pour le reste, ce n'est pas parce qu'il a un certain pouvoir que j'ai conservé Putman, mais parce que c'est aussi mon nom. »

Dans l'univers du design et de la mode, on s'attendrait à ce que le talent, *a priori* plus inné qu'héréditaire, empêche la transmission entre parents et enfants. Pourtant, il n'en est rien. Le milieu regorge d'héritiers, qui ont repris le flambeau de la création parentale. Au départ intimement liées aux fondateurs, dont le patronyme était profondément attaché à ses créations, plusieurs grandes maisons sont devenues, avec le succès, une marque qui a pris le pas sur l'individu. Certains en ont d'ailleurs payé les pots cassés au début des années 2000. Preuve en sont ces affaires judiciaires où les créateurs – Inès de La Fressange, Kenzo ou Christian Lacroix en tête –, qui avaient cédé leur entreprise éponyme à des investisseurs, n'ont pas pu récupérer leur nom pendant des années, n'ayant plus le droit de l'utiliser une fois la rupture consommée. Les juges ont estimé que leur patronyme était considéré comme désignant davantage l'identité d'une entreprise que la leur.

Mais d'autres ont su tourner cette mutation à leur avantage. Rien d'étonnant en effet à ce que les héritiers adoptent désormais la même logique que les financiers et s'emparent de leur nom comme d'un patrimoine économique, dont ils héritent comme on se transmettait une charge sous l'Ancien Régime. Et ce, qu'ils aient ou non reçu en legs les dons parentaux. Au point d'ériger parfois de véritables dynasties. À l'image de la famille de Sophie Mechaly, fondatrice de la marque Paul & Joe. Issu d'une famille dont le patronyme aide à ouvrir les portes de la mode, Joe (en réalité Adrien Joseph), son fils, n'a pas eu non plus besoin de se faire un prénom. Sa mère s'en est chargée en baptisant sa marque du nom de baptême de ses deux enfants. Puis en l'invitant à venir travailler avec elle depuis quelques années. La chaîne se pérennise. Pour Sophie, la famille n'est pas un vain mot. Initiée par ses parents, propriétaires de la marque de chemises Le Garage, aux arcanes de la mode et à l'art des tissus dès l'adolescence, la créatrice avait elle-même obtenu son premier stage chez Azzedine Alaïa, avant même d'être reçue à l'Institut français de la mode. Celle qui a longtemps travaillé dans l'entreprise parentale a ensuite continué d'œuvrer main dans la main avec sa mère Nicole, en la nommant numéro 2 de sa marque.

Chez les Castelbajac, on est aussi créateur sur trois générations. Après avoir rêvé un temps de devenir archéologue, Jean-Charles avait finalement rejoint le giron maternel en 1968. Nommé directeur artistique à dix-neuf ans, il y a élaboré sa première collection. Avant de rebaptiser l'entreprise maternelle Ko&Co, dix ans plus tard, métamorphosant la petite PME de confection en un empire florissant. Si son talent ne fait aucun doute, aurait-il pu se lancer sans ce marchepied parental ? Son fils, Louis-Marie, né en 1983, a attendu davantage avant d'être adoubé par son père. Après quelques expositions, le créateur des marques Panda Kunst puis de Le Void, développant toutes deux des vêtements « à messages », a lancé Armagnac 700 en 2013. Avant même de fêter ses trente ans, Louis-Marie a reçu un beau cadeau : il y a trois ans, il a été nommé directeur artistique d'une des lignes de son père. Il faut dire qu'entre sa mannequin de mère et son créateur de père, lui est tombé dans la marmite de la mode dès son plus jeune âge. Qui peut se targuer d'avoir dessiné en compagnie de Keith Haring, « un ami de la famille », à l'âge de cinq ans ? Sa marque de fabrique : réinterpréter des objets du quotidien. Une idée qui donne un sentiment de déjà-vu. À l'aube des années 1970 déjà, des serpillières, éponges et toiles cirées avaient été détournées par un certain Jean-Charles de Castelbajac. S'il aime se faire prénommer Kallean, le « fils de » s'est gardé de changer de nom de famille. Pourquoi se séparer d'un patronyme si prestigieux dans ce milieu ?

Les frères Elicha ne pourront jamais prendre les rênes de l'entreprise familiale. Mais ils peuvent néanmoins remercier leurs parents. Tony et Georgette, créateurs de Comptoir des Cotonniers, ont beau avoir vendu leur maison au groupe japonais Fast Retailling en 2005, dix ans après sa création, ils n'en ont pas moins pensé à l'avenir de leurs fils. Après avoir fait leurs premières armes pendant dix ans au sein de l'entreprise familiale – Alexandre en tant que responsable de la communication, et Laurent en tant que styliste – les frères aînés, bientôt rejoints par Raphaël, le benjamin, n'ont pas eu à chercher bien loin pour trouver le capital de départ destiné à lancer leur marque : The Kooples. Grâce au patrimoine familial constitué par la vente de l'entreprise parentale, ils ont pu avancer des fonds propres conséquents. Le tout sous l'œil expert de leur père, qui n'aurait pas manqué de les guider sur le chemin de cette formidable réussite. La famille, les Elicha l'ont dans la peau. Même leur concept, un vestiaire commun pour un même couple, en est une déclinaison. Et fait furieusement penser à celui de leurs parents, qui jouaient de leur côté sur la relation mère-fille.

« C'est Putman, ce n'est pas Putman »

Olivia Putman est la première à le dire, par-delà l'identité de sa mère, « Putman » est devenu aux yeux de certains un adjectif qualificatif. « C'est quelque chose que j'ai découvert en arrivant. Des gens de l'équipe disaient : "C'est Putman, ce n'est pas Putman." Je me demandais : "Mais de quoi parlent-ils ?" Je pense aussi que les gens voient mon nom comme une marque. Si on regarde un livre sur ce qui a été réalisé, c'est vrai qu'on peut découvrir une unité autour de la lumière, de couleurs très douces. On trouve aussi le damier, ou d'autres signes, qui ont été plusieurs fois réutilisés. Je trouve ça un peu étrange. Mais, en même temps, c'est intéressant, quand on s'occupe d'une maison, on a tout de même une espèce d'ADN. »

Adjectif qualificatif ou non, l'héritage est parfois lourd à porter. Au moment de l'arrivée de la fille d'Andrée dans les murs, l'annonce de sa nomination au poste de directrice artistique a été reçue plutôt fraîchement par l'équipe. « À quatre-vingt-deux ans, sa succession professionnelle était dans les têtes, c'était comme un petit trône à prendre... Ce fut un drame le jour où elle a convié tout le monde pour me promouvoir directrice artistique. Elle n'aimait pas ce titre, mais a senti qu'il fallait qu'elle me légitime. Il y a eu beaucoup d'hostilité des équipes de l'époque. Beaucoup de jalousie je pense. Des personnes ont revendiqué des formations que je n'avais pas. Au fond des gens, et c'est peut-être logique, qui ont fait de vraies études de design, des grandes écoles, se disent : "Mais qu'est-ce qu'elle croit, qu'elle va pouvoir diriger une agence de cette renommée ?" Ma mère a été blessée par ce rejet. Beaucoup ont décidé que ça n'irait pas, et sont partis d'eux-mêmes. De l'époque, il ne reste que deux personnes. »

Qu'importe. Les clients, eux, n'ont jamais protesté. « Depuis que ma mère a définitivement décidé de ne plus venir au bureau, jamais personne ne m'a dit : "Ah c'est vous, on voulait plutôt rencontrer Andrée Putman." C'était une chose à laquelle personne ne croyait. Ni mes amis ni mes ennemis. C'était tellement une entreprise *intuitu personae*, que personne ne pouvait croire que ça fonctionnerait. » Même si, pendant longtemps, elle n'a pas envisagé de prendre la suite de sa mère. « C'était un souhait de longue date de ma mère, mais qui, vraiment, me passait par une oreille et sortait par l'autre. Je pensais que c'était une espèce d'envie de maman. Ça aurait plutôt donné du sens à ce qu'elle construisait. Mais je n'avais pas envie de profiter de ses plans, j'étais très autonome. J'ai voulu faire ma vie, mon parcours. Elle aurait aimé qu'on sorte plus, que je sois plus la "fille de". Ce rôle-là, je n'ai pas eu envie de l'endosser. »

L'héritière a fini par changer d'avis. « Ce n'était pas du tout anticipé. Au moment où je suis finalement arrivée ici, j'ai connu l'un de ces rares moments où tout à coup on se sent à sa place. Où l'on se dit, tout ce que j'ai fait avant, c'était pour être ici aujourd'hui. Donc, ça s'est passé très naturellement en 2007. Du jour au lendemain, on ne sait même pas comment ça arrive : on se dit "mais c'est évident". En outre, ma mère avait quatre-vingt-deux ans, elle avait encore une vie absolument infernale, où on lui expliquait, alors qu'elle arrivait du Japon, qu'il fallait partir à Bangkok deux jours après, et elle commençait à être très fatiguée. » À l'en croire, Olivia Putman est même fière de son ascendance. « J'ai découvert que ça représentait vraiment quelque chose pour les autres. De la pharmacienne qui me disait : "Ah vous êtes sa fille ? J'adore", à des milieux plus confidentiels, je suis la fille d'Andrée Putman. Alors qu'on était très différentes, très complémentaires, qu'on n'a rien à voir physiquement, il y a des gens qui trouvent qu'on se ressemble. Je me souviens d'avoir fait un casting pour Pialat, grâce à une copine. Sa femme a regardé l'essai et dit : "Mais c'est la fille d'Andrée Putman. C'est évident, c'est la même voix, la même tenue." Mais ça reste toujours positif : je ne suis pas la fille de quelqu'un qui a fait des choses horribles. La difficulté, je l'ai vite évacuée. J'ai vite compris que je pouvais trouver plus d'avantages que d'inconvénients. » Pas question donc, de renier le passé. « Beaucoup sont émerveillés par l'agence, son actualité d'aujourd'hui, et surtout le sillon incroyable qui a été dessiné par le passé. Alors c'est vrai que, de manière quotidienne, on se sert du passé et on l'évoque, parce qu'il n'est pas question de ne pas dire qu'on est une agence qui a fait le Concorde ou décoré le ministère de la Culture. Ça serait dommage de tout gâcher. »

La « fille de » sait aussi ce qu'elle doit à sa mère, dans une transmission qui s'est passée en douceur : « J'ai reçu une éducation silencieuse. Ma mère m'a toujours lu les textes qu'elle écrivait, elle a beaucoup partagé avec moi ce qu'elle faisait. On l'accompagnait au marché aux puces avec mon frère, où on était chargés de dénicher des objets pour elle. Elle m'a appris qu'écouter était très important, m'a transmis la curiosité. » Y compris lors de sa prise de fonction, c'est avec simplicité que le passage de flambeau s'est opéré : « Pendant quelques mois, j'étais à ses côtés, je gérais et je l'écoutais. Elle s'occupait encore de recevoir les clients, des premiers rendez-vous, pour m'introduire. »

Cette transmission a eu lieu à un âge déjà mature, après de nombreux projets personnels, notamment comme paysagiste. Olivia Putman fut, entre autres, proche de l'artiste peintre Jean-Michel Basquiat, et le reste du créateur de chaussures de luxe Christian Louboutin qu'elle connaît depuis l'enfance. Au rang de ses faits d'armes personnels, elle a été l'agent du peintre ivoirien Ouattara Watts, a converti des lieux désaffectés en ateliers d'artistes, réaménagé le jardin des Tuileries avec le paysagiste Louis Benech, imaginé pour le parfumeur Caron un projet primé. Mais aussi dessiné une nouvelle chaise pour l'industriel américain Emeco, une collection de lunettes, un couteau pour la forge de Laguiole, des tapis pour Toulemonde Bochart ou réalisé la scénographie pour les concerts de Christophe à l'Olympia et au château de Versailles, ainsi que celle de l'exposition Madeleine Vionnet au musée des Arts décoratifs. Ce parcours lui a « évité une attitude un peu adolescente pensant qu'il faudrait jeter ce qu'avait construit ma mère », juge-t-elle. « Je me suis plutôt inscrite dans une continuité avec une élaboration de mon propre style pas à pas. De toute façon le style, et ça c'est une chose que ma mère m'a appris, au fond, se façonne au fur et à mesure des projets. On travaille pour des personnes, on les écoute, et les projets évoluent en fonction de leurs desiderata. » Aujourd'hui, l'agence travaille beaucoup à l'étranger. La polyvalence est encore plus nécessaire qu'hier. « J'ai tenté de développer ce que ma mère souhaitait : pouvoir passer d'un projet à un autre. J'ai conçu une salle de réunion pour la Fédération nationale des travaux publics. Mais aussi gagné le concours Nespresso. Quand la tasse est sortie dans le monde entier le même jour, elle était épatée. C'était un peu le vœu pieu qu'elle avait eu lorsqu'elle était directrice artistique chez Prisunic. »

Rykiel et Starck : comment se démarquer

Nathalie Rykiel, elle, n'a pas pris de chemin détourné pour rejoindre l'entreprise familiale. Poussée par son père à se démarquer – « Les enfants qui travaillent avec leurs parents sont nuls, puisqu'ils n'ont rien prouvé » –, l'héritière pense un temps à tracer sa propre voie, passe un bac scientifique, fréquente quelque temps le milieu du cinéma. Mais, dès ses vingt ans, en 1976, elle cède aux sirènes familiales et devient mannequin dans la boutique de sa mère puis met en scène ses défilés. Rykiel enfants en 1983, inscription Rykiel en 1989 rebaptisé Sonia by

Sonia Rykiel en 1999... Nathalie décline les collections dans les jupes maternelles. Portée par un nom de famille devenu une marque à part entière dans cet univers. La « fille de » réfute la facilité de son statut : « Elle était maligne. Elle avait confiance en moi et m'a toujours complimentée, mais les choses ne m'étaient pas données pour autant [1]. » De fait, si sa mère est la première à avoir voulu ce binôme familial fusionnel, cela ne l'empêche pas de reconnaître ce qui les distingue : « Nathalie est très différente de moi. La création, ce n'est pas son truc mais elle a absorbé beaucoup de choses de moi. On a passé nos vies collées l'une à l'autre parce que ce n'était simplement pas possible autrement. Entre nous, c'est une sorte de transfert d'énergie : la mode me bouffe et Nathalie doit raconter son histoire [2]. »

C'est encore en tant que fille de sa mère qu'elle conseille, en 1993, Robert Altman pour le film *Prêt à porter* : qui mieux qu'elle pourrait aider le réalisateur à brosser le personnage inspiré de Sonia ? Nathalie finit par sortir de l'ombre en 2000. Égérie du parfum Rykiel Rose, elle incarne désormais le nouveau visage de la maison. Une ascension qui fait des ravages, et que la chef d'entreprise deuxième du nom raconte dans son livre *L'Élégance*, paru aux éditions Autrement en septembre 2013, au chapitre « Pour qui se prend-elle ? ». D'autant que lorsqu'elle se démarque de l'ombre maternelle, c'est à travers la création de sex toys chics pour ses clientes de Saint-Germain-des-Prés qui suscitent la désapprobation sévère de plusieurs membres de l'équipe : « Tu vas détruire la marque. »

Mais Rykiel est un nom solide, qui permet aux clientes d'assumer toutes les audaces : le coup fait un carton. Sonia lui accorde une place plus importante dans la gestion du nid familial. Déjà directrice générale et artistique depuis 1995, Nathalie finit par s'asseoir dans le trône maternel en 2007, en devenant présidente. Le sacre fait grincer des dents. La transmission se perpétue, avec l'arrivée de sa fille Lola dans la maison, qui

---

1 « L'interview de maman : Nathalie Rykiel », *L'Express styles*, octobre 2013.
2 « De fille en aiguille », *Libération*, janvier 2005.

dirige, en 2013, les relations presse aux États-Unis. Nathalie quitte son poste en 2012 en s'adossant au groupe hongkongais Fung Brands, pour devenir vice-présidente du conseil d'administration.

Certaines ascendances sont mieux assumées que d'autres. Fille aînée du célèbre designer Philippe Starck, Ara semble se démener pour faire oublier sa prestigieuse parenté. Pas question pour elle de se voir estampiller l'étiquette de fille à papa. Passée par les ateliers de Sèvres, les Beaux-Arts de Paris, le Central Saint Martins College of Art and Desing et la Slade School of Fine Art à Londres, la jeune femme a fait ses gammes dans les meilleurs établissements, acquérant une légitimité incontestable dans son domaine. Mais c'est pourtant aux côtés de son père qu'Ara s'est fait connaître. En 2008, c'est sa conception de la fresque monumentale du restaurant Dali de l'hôtel Meurice qui lui apporte la notoriété. La jeune femme l'assure, elle aurait proposé son travail puis aurait été choisie anonymement. Sauf que celui qui devait justement désigner l'artiste en charge de ce plafond, et qui a repensé de fond en comble l'établissement, n'est autre que son père. Comment s'assurer que la direction de l'hôtel n'a pas été séduite par ce lien filial ?

Le dialogue père-fille se poursuit, en 2011, avec un binôme pour Baccarat, puisqu'ils dessinent ensemble le coffret célébrant le 170e anniversaire du verre Harcourt. Leurs chemins se sont aussi croisés dans la boutique Nouvelle Affaire. Ara a imaginé des tutus cette année pour l'enseigne qui conçoit des uniformes. Hasard ? Philippe avait été le premier à solliciter la marque, en 2009, pour un projet d'uniformes. Musicienne, peintre, plasticienne, égérie de mode, les qualificatifs fourmillent à longueur d'articles pour mettre en valeur son côté pluridisciplinaire, et éviter le mot qui – peut-être ? – fâche : « designeuse ». Comme son père.

8

Arrangements musicaux en famille

Printemps 2015, la famille Chedid s'expose en grand dans les rues, sur les autobus et dans les couloirs du métro. L'affiche annonçant la tournée familiale réunit, autour d'un manche de guitare, trois enfants et leur père, le chanteur Louis Chedid. L'aîné, Matthieu Chedid, nom de scène -M-, pose à droite, légèrement au second plan, tandis qu'au premier on aperçoit son frère Joseph et sa sœur Anna. Pas moins de trente dates sont au programme à travers l'Hexagone, dont une à l'Olympia. Une représentation supplémentaire a été ajoutée à l'Opéra Garnier. C'est la première fois qu'un chanteur français effectue une tournée avec ses trois enfants. Après les concerts viendra un album à quatre voix dont l'enregistrement a commencé en juin 2015. Anna, la cadette de la famille Chedid, née en 1987, a pour nom d'artiste Nach. À la suite d'une tournée avec son frère, -M-, en 2010, où elle fait les chœurs et tient les claviers, elle a pris des cours de batterie à New York et s'est adonnée au chant. En 2013, elle s'est produite en première partie de Thomas Dutronc, fils de Jacques. Au printemps 2015, Anna Chedid sort son premier album solo, *Nach*. Dès l'âge de onze ans, elle a assuré les chœurs sur une chanson de son frère Matthieu, « Nostalgic du cool », de son premier album *Le Baptême*, sorti en 1998. L'histoire se répète : Mathieu avait fait de même en compagnie de sa sœur Émilie, vingt ans plus tôt, pour la chanson de son père « T'as beau pas être beau ».

Chez les Chedid, la musique se fait en famille, surtout depuis que Matthieu s'est lancé dans une carrière solo à succès. Avec la sortie du single « Machistador », issu de son premier album, la carrière de -M- décolle. Sa sœur, Émilie, à qui il a dédié un morceau, « Émilie 1 000 volts », a réalisé le clip de la chanson. Une première collaboration qui en appellera beaucoup d'autres, sur la plupart des singles de son célèbre aîné ainsi que sur plusieurs DVD, comme *Les Leçons de musique de -M-*, récompensé par une Victoire de la musique en 2005. Mais -M- fait aussi appel à sa grand-mère. Sur son second album, sorti en 1999, figure la chanson « Je dis aime », coécrite avec Andrée Chedid, l'écrivaine et poète franco-égyptienne. À plusieurs reprises, il lui rend hommage sur scène, notamment en ouvrant ses spectacles par la lecture d'un de ses poèmes. Musique et famille s'entremêlent sans cesse. Entre le père et le fils, l'échange est permanent sur leurs compositions respectives. Exemple en 2006, quand Louis Chedid compose le conte musical *Le Soldat rose*. Celui-ci est créé et illustré par Cyril Houplain, ami d'enfance de son fils aîné, qui a également conçu l'univers visuel de -M-. Matthieu Chedid incarne lui-même le personnage du soldat rose et interprète plusieurs titres du conte. En 2009, Louis Chedid remixe l'ensemble du nouvel album de son fils, *Mister Mystère*, tandis qu'en 2010, c'est le fils qui vient travailler en studio sur l'album de son père, *On ne dit jamais assez aux gens qu'on aime qu'on les aime*.

Au fur et à mesure que la carrière du fils aîné se poursuit et que son succès se confirme, une véritable PME familiale se constitue, dans laquelle chaque membre de la tribu trouve sa place. Les collaborations en tout genre vont même aller en s'amplifiant. Au cours de la tournée qui commence en novembre 2009, *Les Saisons de passage*, Matthieu Chedid abandonne sa fameuse coupe de cheveux et se sépare de ses musiciens historiques, le violoncelliste Vincent Segal et le guitariste Sébastien Martel. Désormais, ses jeunes frère et sœur, Anna et Joseph, l'accompagnent. Après avoir été musicien de scène, Joseph, seize ans de moins que Matthieu, sort son premier album, *Maison Rock*, à la rentrée 2014, sous son nom d'artiste, Selim... Comme -M- et sa sœur, Nach, les enfants Chedid préfèrent se lancer sous des noms d'emprunt. Et la seule des quatre enfants qui ne chante pas, mais qui filme, n'est pas en reste. Sur la tournée suivante de -M-, en 2013, Émilie Chedid assure cette fois la scénographie, au côté d'un descendant de la famille Chaplin, le comédien, danseur et metteur en scène, James Thierrée.

Pendant la tournée à quatre, Anna est généralement au piano, Joseph à la guitare, Matthieu à la basse et Louis, lui aussi, à la guitare. Tous étant plus ou moins poly-instrumentistes, ils se suffisent à eux-mêmes. Aucun autre musicien ne monte sur scène. « Quand j'ai besoin d'un orchestre, pas besoin de chercher très loin », plaisante souvent Louis, le papa. Sur scène, le répertoire de chacun est revisité par les autres membres de la famille. La visibilité donnée par ce tour de chant croisé profite bien sûr aux deux plus jeunes, Anna et Joseph, qui entament tout juste leur carrière et viennent de sortir chacun leur premier album solo. Louis Chedid, dont la carrière a été en dents de scie, se retrouve à nouveau au premier plan, grâce à ses enfants. Quant à -M-, il est aujourd'hui le principal moteur de la transmission familiale et a pris sous son aile son jeune frère et sa jeune sœur, comme son père le fit avec lui à l'adolescence. -M-, un privilégié ? « Sans vouloir jouer avec les mots, nous sommes tous des “fils et des filles de”. À l'image des artisans, j'ai baigné dans un univers devenu familier. Mais le piston fait entrer la suspicion et efface tout bénéfice », déclare-t-il, le 19 novembre 2012, à *Libération*.

Le patronyme célèbre est-il un simple jeu à somme nulle ? Sa sœur, Anna, reconnaît qu'il n'est pas toujours facile d'être la « fille de » ou la « sœur de » car le public a tendance à comparer avec les aînés. Le premier single issu de son album solo, « Je suis moi », tente, par son titre, d'affirmer une personnalité à part entière. Dans la tribu si soudée, chacun cherche sa propre voie, son chemin propre tout en restant fidèle au clan. En choisissant de limiter son nom à une initiale et en créant un personnage « funky » déjanté, Matthieu Chedid a brouillé les pistes au début de sa carrière. Une façon, entre autres, d'évacuer l'aspect pesant de la transmission. « La première fois que j'ai assisté à un concert de Matthieu, je lui ai dit : -M- m'a fait oublier que tu étais mon fils », a déclaré son père, au *Parisien*, le 2 août 2010. Une réflexion qui a dû plaire à Matthieu.

L'aîné de la famille Chedid n'en est pas moins un enfant de la balle. Un jour, dans la maison de campagne des Souchon, le chanteur et écrivain David McNeil lui apprend trois accords. Ce sont ses débuts à la guitare, qui deviendra son instrument de prédilection. Le jeune Matthieu a grandi avec les amis de son père. « Cela m'a donné une force, des repères très sérieux et la preuve que l'impossible n'était pas inaccessible », déclare-t-il à *L'Express* le 20 novembre 2003. Il côtoie aussi leurs fils, notamment Pierre Souchon et Julien Voulzy. À quatorze ans, ils font des bœufs ensemble et montent un groupe, Les Poissons Rouges. Une maison de disques ne tarde pas à les repérer et leur propose d'enregistrer un album. Laurent Voulzy et Alain Souchon sont d'accord mais, au moment de signer, Louis Chedid s'y oppose, jugeant son fils trop jeune pour faire un disque, et la proposition de la maison de disques trop commerciale.

Dans la famille Souchon aussi, on s'entraide et on travaille en famille. À partir du début des années 1990, l'aîné, Pierre Souchon, a coécrit plusieurs titres avec son père Alain, comme la chanson « Le fil ». C'est aussi l'époque où il se lance en duo avec le fils de Laurent Voulzy, Julien. Ensemble, ils fondent le groupe Les Cherche-Midi et sortent deux albums dans les années 1990. Puis chacun prend son envol et part mener sa barque dans une carrière solo. Cahin-caha... Leurs albums respectifs rencontrent un succès limité. En 2014, vingt ans après, ils reforment le groupe qui leur avait permis de signer un succès, la chanson « Ce n'est pas vrai ». Chez les Souchon-Voulzy, les échanges musicaux ont lieu dans une famille élargie, dans la droite lignée du tandem le plus célèbre de la chanson française. Bientôt, les frères cadets se retrouvent aussi autour de leurs compositions. Charles, le second fils d'Alain Souchon, a sorti deux albums sous le nom de scène Ours. Graphiste de formation, il réalise à ses débuts le tout premier site Internet officiel de son père. Puis il se lance dans la musique et collabore régulièrement avec Lieutenant Nicholson, qui n'est autre que le second fils de Laurent Voulzy, Nicolas. Les deux compères ont aussi fondé ensemble un collectif musical, baptisé Unik. Bref, ces quatre-là semblent inséparables.

Collaborations et entraides multiples

Les pères illustres ont transmis un nom mais aussi un réseau amical, au-delà de la famille *stricto sensu*. Si la carrière de leurs parents a profité, pour les plus âgés, de la vague yéyé, puis plus tard, de l'explosion des radios libres, les enfants, arrivés peu ou prou au moment de la crise du disque, parviennent à tisser une carrière en s'entraidant. En 2013, Pierre Souchon et son frère, Ours, chantent ensemble dans le spectacle *Le Soldat rose 2*, écrit cette fois par Francis Cabrel. À leurs côtés, Thomas Dutronc, le fils de Jacques, est lui aussi de la partie. À plusieurs reprises, Pierre Souchon a fait les premières parties de ses concerts. Thomas Dutronc est, en effet, un artiste à succès depuis le milieu des années 2000. Autre « fils de », avec une double ascendance de chanteurs, le jeune Thomas a réussi à trouver sa propre voie grâce au jazz manouche, qu'il apprend avec le guitariste Biréli Lagrène. Ses chansons ont vite séduit le public. Le fils de Françoise Hardy et Jacques Dutronc a beaucoup collaboré avec ses parents, notamment comme arrangeur sur certains disques de sa mère. Son troisième album, sorti au printemps 2015, comporte un morceau coécrit avec son père. Sur un autre, Matthieu Chedid est venu mettre sa patte.

Serge Gainsbourg a, lui aussi, laissé une descendance qui n'a pu échapper à la musique. Poussée par sa mère, Jane Birkin, Charlotte Gainsbourg fait d'abord ses débuts au cinéma dès 1984, à l'âge de treize ans. La même année, elle chante avec son père sur l'album *Love on the beat* et la chanson « Lemon Incest ». Deux ans plus tard, son père écrit et compose les morceaux de l'album *Charlotte for Ever*. À seulement quinze ans, la fille Gainsbourg y chante ses tourments d'adolescente et évoque sa relation à son père dans deux duos avec ce dernier. Elle attend ensuite pas moins de deux décennies pour sortir un nouvel album. Comme si l'absence du père, disparu en 1991, l'avait empêchée de redonner de la voix. Ce n'est qu'en 2006 que sort son second album, *5:55*, chanté en français et en anglais. Suivront *IRM* en 2009 et *Stage Whisper* en 2011. L'autre fille de Jane Birkin, Lou Doillon, dont le père est le réalisateur Jacques Doillon, a aussi entamé une carrière musicale, en parallèle du cinéma. Son premier album, *Places*, sorti en juin 2012, obtient un beau succès critique. Le public semble suivre. Mais à peine quelques mois plus tard, en février 2013, alors qu'elle vient juste d'entamer sa tournée, elle reçoit la Victoire de la musique de l'artiste féminine de l'année, consécration réservée, habituellement, à des artistes ayant déjà fait leurs preuves ! La fille de Jane Birkin voit son début de carrière couronné à toute vitesse par la profession.

Comment exister au côté de l'image iconique du père, monstre sacré de la chanson française ? Lulu Gainsbourg, le demi-frère de Charlotte et fils de Bambou, la seconde épouse de Serge, a d'abord fait des études de musique avant de se lancer dans une carrière. Comme pour faire ses preuves ou être à la hauteur des attentes. Il étudie au London Conservatory of Blackheat, puis, en 2007, est accepté au Berklee College of Music, à Boston, une des plus grandes écoles de musique privées américaines. Une fois diplômé, il revient en France et tente d'évacuer le poids de l'héritage avec son premier disque, *From Gainsbourg to Lulu*, ne comprenant que des reprises de son père. En 1988, celui-ci l'avait fait monter sur la scène du Zénith de Paris pendant l'un de ses concerts. Il n'avait que deux ans. Aujourd'hui, il déclare ne pas se souvenir de ce moment. Et cherche à relativiser son statut de « fils de » : « En fait, je suis un peu à l'écart de la famille Gainsbourg. Ma famille, c'est ma mère », déclare-t-il au quotidien *Les Échos* en février 2015. « J'ai grandi avec ma mère, elle m'a toujours protégé et encouragé. Charlotte, on n'a pas grandi ensemble. Je la vois de temps en temps, mais elle vit à New York aujourd'hui, moi à Londres. On a quatorze ans d'écart, elle a sa vie, même si elle reste ma sœur. » Lulu Gainsbourg n'avait que cinq ans lorsque son père a disparu. L'ombre paternelle n'en plane pas moins sur le second album de son fils, *Lady Luck*, sorti au printemps 2015.

L'influence gainsbourienne, notamment dans les arrangements, est bien présente. Mais le jeune Gainsbourg, vingt-neuf ans, y chante en anglais, et se distingue de son père en privilégiant des morceaux pop ou électro plutôt que des chansons. Pour interpréter un duo sur son album, Lulu Gainsbourg a choisi Ara Starck, la fille du designer Philippe Starck.

Bien avant lui, Arthur H fut l'un des tout premiers à ouvrir le bal des « fils et filles de » dans la musique. Après son premier album, sorti en 1990, le fils de Jacques Higelin est sacré révélation masculine de l'année aux Victoires de la musique, en 1993. Dans la dynastie Higelin, près de vingt ans plus tard, est venue Izïa, fille de Jacques. À dix-neuf ans, la jeune femme a sorti son premier album, au titre éponyme. Le succès est immédiat. Tandis qu'Arthur H et son père apparaissent très rarement ensemble, Izïa revendique fièrement sa filiation. Une histoire de place dans la famille. Son père avoue avoir été très absent avec son fils aîné et papa poule avec la petite dernière. Entre les deux, Kên Higelin est devenu réalisateur. Et travaille lui aussi en famille, en réalisant des clips pour son demi-frère ou la mise en scène de ses spectacles.

Les exemples ne manquent pas parmi les descendances des chanteurs des années 1970-1980. Avant Arthur H, il y eut aussi David Hallyday, qui commença sa carrière aux États-Unis, avant de rejoindre la France. Pas tout à fait sur les traces de son père Johnny, mais paré du même nom de scène, avec quand même onze albums à son actif. Sur l'un d'entre eux, sorti en 2010, il chante avec sa sœur, Laura Smet, le titre intitulé « On se fait peur ». Mais aussi Chris Stills, le fils de Véronique Sanson et du guitariste Stephen Stills, l'un des membres du groupe de rock Crosby, Stills, Nash & Young. Sa carrière se dessine entre la France et les États-Unis. En 2004, il a écrit le titre « Longue distance » pour sa mère. En février 2015, il joue en première partie des concerts de Véronique Sanson, *Les Années américaines*, à l'Olympia. Et encore plus récemment, la fille de Julien Clerc, Vanille Clerc, multiplie les scènes et les galas, comme récemment la soirée d'ouverture du Festival du film de Cabourg. Elle donne de la voix à diverses occasions, en attendant la sortie de son premier album, encore en préparation. Son père écoute les compositions de sa fille, assure être très exigeant, mais ne veut pas chanter avec elle, considérant que ça ne lui rendrait pas service. Il n'hésite pas à partager le travail de sa fille avec son entourage professionnel. L'attention croissante autour de Vanille Clerc et l'attente suscitée par ses apparitions publiques devraient l'aider à obtenir, au moins, une belle couverture médiatique pour son premier album.

Crise du disque

Pourquoi autant de « fils et de filles de » dans la musique ? Outre l'entraide familiale, l'époque n'est pas favorable à l'émergence de nouveaux talents. Depuis le début des années 2000, la crise du disque a sapé le business des majors. Les grosses maisons de disques qui ont survécu se comptent sur les doigts d'une main, après un grand mouvement de concentration : Universal, Sony et Warner. Ces dernières « signent de moins en moins d'artistes car les revenus ont baissé, au fur à mesure de l'évolution du numérique et de la décroissance du physique. Pour les jeunes talents, trouver un label qui produise est beaucoup plus compliqué car les marges ont fortement diminué », explique Laurence Le Ny, qui connaît bien cette évolution vers le numérique. Après avoir été attachée de presse et directrice de promotion au sein du label BMG, elle a dirigé le label EPIC, chez Sony Music, jusqu'en 1995, puis Warner Music. Elle entre chez Orange en 2003, où elle est devenue directrice musique et culture au sein de la direction des contenus.

Fini la belle époque des années 1980 où l'industrie musicale lançait de jeunes artistes à grand renfort de publicité télé. Plus la promotion était importante, plus la grande distribution accordait des mises en avant dans ses magasins. Cet « âge d'or » était aussi celui des ventes en gros et de la disparition des disquaires. Les majors toutes-puissantes pouvaient imposer leurs conditions aux artistes. L'arrivée du numérique a cassé le système. Le fichier MP3 a fait chuter les ventes de CD, première source de revenu des maisons de disques. Aujourd'hui, lancer un artiste implique de cibler un public à travers une stratégie sur le Web. Une nouvelle donne que les labels commencent seulement à maîtriser, mais pas encore à rentabiliser. En 2014, pour la première fois en France, les revenus de l'industrie musicale provenaient à parts égales du numérique (46 %) et des ventes de disques (46 %). Mais les comptes sont encore loin d'être équilibrés. La même année, le chiffre d'affaires du secteur a baissé de 5,3 % en France.

Le métier, lui, a déjà profondément changé. Il s'agit désormais de démarcher les plates-formes, négocier les droits avec elles, créer une « fan base » *via* les réseaux sociaux, voire, dans une stratégie dite « à 360° », faire tourner les artistes les plus prometteurs pour les faire connaître et les aider à vivre de leur musique. Mais les effectifs manquent. Sous l'effet de la crise, la masse salariale du secteur a été réduite de moitié au cours des années 2000. Il faut aller chercher ces nouvelles compétences à l'extérieur. En attendant, « le manque de personnel ne favorise pas l'innovation », explique Laurence Le Ny. Le manque de moyens non plus. D'autant que le marché hexagonal et francophone est limité. « En France, la surface de revenus est plus faible qu'aux États-Unis ou même en Grande-Bretagne », poursuit Laurence Le Ny. « Le réseau de managers et des agents d'artistes est plus artisanal que dans les pays anglo-saxons. » Le business est moins juteux, du coup les producteurs et managers sont aussi moins curieux.

Dans ce contexte économique très contraint, un « enfant de » portant un nom connu, c'est rassurant. Plusieurs d'entre eux ont été signés sur le label de leurs parents. David Hallyday, le fils de Johnny, a obtenu un contrat chez Mercury, avant le départ de son père pour Warner en 2005. Aurélia Cabrel, elle, a d'abord signé chez Columbia, label historique de son père Francis, au sein de Sony Music, en 2011, avant de rejoindre le label S.M.A.R.T, au sein de la même maison de disques. Ou encore, même s'il n'a jamais chanté, Michaël Goldman, qui, avant de lancer MyMajorCompany, a créé son propre label,

Bamago, composé des deux premières lettres du nom de chacun de ses fondateurs (Barsikian, Marciano et Goldman), chez Sony, la maison de disques de son père, en 2002.

Mais permettre à un « enfant de » de se lancer n'est pas toujours couronné de succès, loin de là. « Cela ne donne pas forcément accès aux radios », estime Laurence Le Ny. Au tournant des années 2000, alors directrice générale de Warner, elle se lance dans un projet qui va lui laisser quelques regrets. « Il se trouve que mon mari connaît Gérard Lanvin, qui a un fils, Manu Lanvin », raconte-t-elle. Celui-ci est passionné de musique et a fréquenté les artistes amis de ses parents, les membres du groupe Téléphone ou les chanteurs Paul Personne et Bernie Bonvoisin. Il veut se lancer dans la chanson. Laurence Le Ny signe le jeune homme pour son premier album, *Venir au monde*, en 2000. Son équipe, à l'époque, est sceptique. Mais elle, non : « Beau mec, de la présence sur scène, il chantait bien, les titres étaient pas mal, un truc un peu blues, pour toutes ces raisons, j'y croyais », se rappelle-t-elle. « Signer un artiste c'est très intuitif, subjectif... Je me disais qu'il y avait un réseau derrière et qu'il n'aurait pas de problèmes financiers. J'ai signé plein d'artistes débutants qui galèrent. Une fois qu'on a donné l'avance, on n'est pas là pour le reste. Certains sont obligés de bosser à côté, ils ne sont pas disponibles et pas épanouis en fait. Je me disais qu'il pourrait aussi avoir des opportunités pour travailler sur des musiques de film, qu'il y aurait des moyens financiers pour faire des shows cases, qu'on pourrait peut-être faire venir des gens connus. »

Laurence Le Ny va regretter son choix. D'abord parce que le jeune homme gère mal son image. La même année, après la sortie de l'album, Michel Drucker invite Lanvin père, qui fait venir son fils, dans son émission *Vivement dimanche*. Manu Lanvin, qui est aussi mannequin pour Sloggy, défile en petite tenue devant le public dominical de France 2... Pas forcément le meilleur moyen de lancer une carrière de chanteur. Ensuite, parce que la carrière de Manu Lanvin n'a jamais décollé. Aujourd'hui, il est musicien et travaille avec le bluesman Calvin Russell. Mais surtout, à la même période, un ami contacte

Laurence Le Ny pour lui faire écouter les maquettes d'un jeune homme nommé Raphaël. « Et là je me dis, il y a quelque chose », se souvient-elle. « Mais je ne pouvais pas signer deux jeunes artistes masculins qui auraient été en concurrence. Je l'ai revu une seconde fois, j'étais convaincue. Mais, par honnêteté, je lui ai dit que je ne pouvais pas le prendre. » Par la suite, Raphaël a signé avec le producteur Marc Lumbroso et fait la carrière qu'on lui connaît. Pour Laurence Le Ny, une occasion ratée à cause de mauvaises motivations au départ ? « C'est vrai qu'il y avait un conditionnement. Je ne l'ai pas fait pour Lanvin mais ça a peut-être motivé un quart de ma décision », reconnaît-elle.

Manu Lanvin n'est pas le seul enfant d'un acteur connu à se lancer dans la musique. À la même période, la chanteuse du groupe de rock à succès Superbus, Jennifer Ayache, n'est autre que la fille de l'actrice et ancienne humoriste des Nuls, Chantal Lauby. Elle aussi fera le tour des plateaux télé avec sa maman. Tismé, le fils de l'actrice Clémentine Célarié, s'est lancé dans la musique en 2008. Abraham, de son vrai nom, est l'aîné de ses trois fils. DJ et mixeur, il chante, cette année-là, en duo avec elle pour une œuvre caritative, l'album *Soldats d'ici et d'ailleurs*. En 2013, il écrit la musique d'un de ses spectacles, *La Danse immobile*. Clémentine Célarié a même monté un groupe, baptisé Groo2ve, avec ses trois fils, tous lancés dans la musique. Quant à Anna Chalon, la fille de Zabou Breitman, elle a chanté au générique des quatre films qu'a réalisés sa mère. Entre autres, la chanson « Run and Hide », pour le film *Je l'aimais*, adapté du roman d'Anna Gavalda, puis « Hush Hush », du générique de fin de *No et moi*, adapté d'un ouvrage de la même écrivaine. En 2012, elle a sorti un premier album sous le pseudo de Kiddo.

Autre chanteuse issue d'une famille de cinéma, Cécile Cassel, *alias* Hollysiz, qui a signé, en 2013, le tube dansant de l'été, « Come back to me ». La fille de l'acteur Jean-Pierre Cassel, et demi-sœur de Vincent, prépare son second album. Son autre demi-frère, Mathias Cassel, est le leader du groupe de rap mythique Assassin, qu'il a fondé au milieu des années 1980. À ses débuts, il prend le nom de scène de Rockin' Squat. Et refuse d'apparaître dans les médias, ligne qu'il tiendra pendant deux décennies. Considéré comme l'un des précurseurs du rap français engagé, il poursuit sa carrière en solo. Fin 2011, il a fait jouer Vincent et Cécile dans son clip, *Disque de lumière*.

Studio et culture maison

Cet attrait des majors pour les « enfants de » se double d'avantages objectifs au moment de se lancer dans la musique. Composer ne demande plus beaucoup de moyens si ce n'est un micro, un minimum d'équipement informatique et un logiciel de composition et d'enregistrement. Sur Internet, un tas d'artistes autoproduits peuvent ainsi déposer en ligne leurs compositions à moindre coût. Mais l'étape suivante, l'enregistrement en studio et le mixage, coûte toujours assez cher : il faut payer les musiciens, la location du studio, les techniciens... « Un album avec des musiciens coûte au minimum entre 30 000 et 50 000 euros », estime Jérémy Verlet, producteur mais aussi arrangeur et compositeur. « Pour un studio, il faut compter entre 500 et 800 euros par jour. Si tu passes un mois à travailler, c'est vite vu... » Ensuite, le mixage et le mastering nécessitent encore un investissement. Avantage des « fils et filles de » : avoir accès, grâce à leur famille, à des studios leur permettant, non seulement de se lancer à peu de frais, mais aussi d'apprendre les techniques d'enregistrement et de pouvoir ainsi réaliser eux-mêmes. Comme -M-, qui a construit à ses débuts son home studio, Labo M, dans le grenier de la maison de famille. Autant d'atouts pour démarrer dans la musique.

Sinclair, de son vrai nom Mathieu Blanc-Francard, est le fils de l'ingénieur du son et producteur, Dominique Blanc-Francard, et le neveu de Patrice Blanc-Francard, producteur radio et télé (*Pop-Club*, *Les Enfants du Rock*), eux-mêmes fils d'un ingénieur du son. Dès son plus jeune âge, le studio d'enregistrement où travaille son père est sa seconde maison. À force de faire ses devoirs sur la table de mixage et d'écouter toutes les réalisations de papa, il chope le virus et apprend à jouer de plusieurs instruments. Le juré de l'émission *La Nouvelle Star*, s'est lancé dès 1993 avec *Que justice soit faite !*, premier album à succès où il joue de tous les instruments, à l'exception de la batterie. L'opus a été enregistré avec l'aide de son frère, Hubert, mieux connu sous son nom de DJ, Boom Bass, qui fut aussi le découvreur du rappeur Mc Solaar. En 2001, Sinclair enregistre son quatrième album dans le studio Labomatic, qu'il a repris avec son père et son frère.

La culture musicale reste une pièce maîtresse dans l'exercice de création. Même lorsqu'il s'agit de musique électronique, style encore moins dispendieux puisque ne nécessitant pas forcément de recourir à des musiciens professionnels. Le père de Thomas Bangalter, la moitié du duo mondialement connu, Daft Punk, avec Guy-Manuel de Homem-Christo, était parolier et producteur dans les années 1970 et 1980. Sous le pseudo de Daniel Vangarde, il faisait volontiers dans le disco ou la world music. Parmi ses collaborations, Ringo et Sheila, Banarama ou encore la Compagnie créole et The Gibson Brothers. C'est lui qui offre son premier synthétiseur à son fils et conseille Daft Punk à leurs débuts. Des années plus tard, le groupe triomphe en travaillant sur son dernier album, *Random Access Memories*, avec le mythique bassiste Nile Rodgers, qui écrivit le célèbre « Spacer », chanté par Sheila. Il paraîtrait même que le sample d'un autre tube de Daft Punk, « One more time », serait tiré du morceau « More spell on you », d'Eddie Johns, enregistré à Paris, en 1979, par un certain... Daniel Vangarde.

Les majors restent indispensables. Mais disposant de moins de moyens, elles vont chercher les artistes là où ils se trouvent : sur Internet et dans les concerts. « La maison de disques, je n'ai pas le sentiment qu'elle ait pour vocation de découvrir de nouveaux talents. Mais plutôt d'amplifier ceux déjà existant. Il y a vingt ans, un mec se pointait avec sa guitare ou des maquettes un peu bidouillées, on le mettait en contact avec des musiciens, on misait sur lui. Les grandes maisons prenaient plus de risques. Aujourd'hui, il y a beaucoup d'artistes autoproduits qui s'expriment sur Internet, leur réputation monte, monte, monte et quand ça devient évident, il y a dix directeurs artistiques à leurs concerts. Sinon, les majors attendent qu'un artiste ait déjà fait 150 dates et soit déjà un peu identifié par le public », analyse Jérémy Verlet.

Mais, en matière de visibilité, rien ne vaut la télévision. Les fameux télécrochets qui ont fleuri sur le petit écran ont permis à quelques rares artistes – Julien Doré, Jenifer, Nolwenn Leroy ou Olivia Ruiz – d'enregistrer un ou plusieurs albums. Les maisons de disques, notamment Universal, ont beaucoup misé sur cette manne d'artistes devenus familiers du grand public avant même d'avoir enregistré leur première chanson. Et depuis peu, ces shows sont aussi investis par les « fils et filles de » ! Sans grand succès pour l'instant. En 2013, Hélène Ségara est en pleurs, sur TF1, lorsque son fils, Raf, est recalé par les jurés de *The Voice* : aucun d'entre eux ne s'est retourné. Nemo Schiffman, le fils de l'actrice et réalisatrice Emmanuelle Bercot et du directeur de photographie, Guillaume Schiffman, a eu plus de chance à l'édition 2014 de *The Voice Kids*. Après l'étape de l'audition à l'aveugle, il choisit d'aller dans l'équipe de Garou, avant d'être éliminé pendant les « battles ».

Pour Sophie Tapie, deux jurés se sont retournés. Jenifer sera sa coach, mais pour un prime seulement : elle est éliminée dès la première émission en direct. Deux ans plus tard, elle a malgré tout réussi à sortir son premier album. Enregistré et produit au Québec, elle en fait la promotion au printemps 2015 en France. À travers elle, son père, l'homme d'affaires Bernard Tapie, se souviendra peut-être du temps où il sortait son premier 45 tours, *Réussir sa vie*. C'était en 1985, alors qu'il était déjà lancé dans de multiples opérations de rachat d'entreprise.

IV

Économie : l'obsession dynastique

La liste des « fils et filles de » reprenant les rênes de l'entreprise familiale rappelle que la France est un vieux pays d'héritiers où la transmission dynastique est ancrée dans les mœurs. Corollaire de la propriété privée, l'héritage est aussi une façon de pérenniser l'activité économique. Mais, alors que le mérite individuel et le mythe de l'entrepreneur ont été érigés en valeur suprême, la logique dynastique à la tête des entreprises a résisté à toutes les évolutions récentes : financiarisation, essor du capital-risque et développement du modèle des start-up du numérique. Dans les PME comme à la tête des entreprises du CAC 40, les héritiers continuent à être mis sur orbite, souvent très tôt, afin de se construire une légitimité vis-à-vis des collaborateurs et des marchés. Les familles parviennent à imposer leur héritier, même lorsqu'elles sont minoritaires au capital.

9

La puissance intacte du capitalisme familial

Du commerce du sucre et du cacao à la « nouvelle économie », il n'y a qu'un pas. Qui passe, quand même, par la case MIT (Massachusetts Institute of Technology). Certains « fils et filles de » ont pris pied très tôt dans le secteur de la « nouvelle économie », en plein essor au tournant des années 2000.

Alain Lévy est le directeur général de l'entreprise Weborama depuis 2006. Il œuvre dans la publicité, comme son père, Maurice Lévy, P-DG de l'agence Publicis, le troisième groupe mondial de communication. Lorsqu'il étudie au MIT au milieu des années 1980, le Web en est à ses balbutiements. Après un stage, le jeune homme fait ses premières armes comme négociant en matières premières chez SucDen (Sucres et Denrées), puis monte sa première boîte d'importation et de distribution de denrées alimentaires en Russie. Au bout de quelques années, après le krach monétaire russe de 1998, il décide de retourner au MIT pour une mise à jour sur l'écosystème balbutiant autour d'Internet, qui commence à faire grand bruit. Le MIT lui offre contacts et rencontres inspirantes. À son retour en France, la mode des incubateurs est dans l'air. Le sien s'appellera Startup Avenue, lancé avec un ami d'enfance, Daniel Sfez. Son père donne un coup de pouce en investissant dans l'affaire. Mission : héberger et accompagner dans leur développement des jeunes pousses sélectionnées sur dossier. Weborama en fait partie, imaginée par trois étudiants de Tolbiac qui ont compris que le numérique deviendrait un bien précieux pour les entreprises. Lorsque ces derniers veulent vendre, Alain Levy prend la direction de la boîte.

Au début des années 2000, le fils de Maurice Lévy n'est pas le seul « fils de » à prendre la vague des nouvelles technologies. À la même époque, le fils de Jérôme Monod, ancien P-DG de la Lyonnaise des eaux et conseiller politique de Jacques Chirac, Fabrice Monod, lance Initiés-TV, une chaîne d'informations financières. Hébergée dans les locaux d'un autre incubateur, Silicon Sentier, à Paris – rebaptisé depuis Numa –, la chaîne diffusait sur le câble et le satellite. Elle trouvait un prolongement sur le Web avec le site inities.com. Lancée à la rentrée de l'année 2000, elle a cessé d'émettre moins d'un an plus tard, faute de rentrées publicitaires suffisantes. Journaliste de formation, Fabrice Monod a conservé une société de production audiovisuelle, A7 Media, et gère aujourd'hui le domaine vinicole familial, Château Fontvert, dans le Lubéron.

Antoine Arnault a, lui aussi, fait ses premiers pas dans la « nouvelle économie ». En 2001, à vingt-trois ans, après avoir lancé un premier site Internet au Canada, il crée Domainoo, société spécialisée dans le commerce des noms de domaine, avec deux acolytes d'HEC Montréal. Le fils de Bernard Arnault a été bien accompagné par son père. Le fonds d'investissement du père milliardaire destiné à financer des projets numériques a servi de « couveuse » pour la start-up du fils. Domainoo a compté, parmi ses premiers clients, des filiales de LVMH. Mais quelques années plus tard, Antoine Arnault s'est désengagé pour faire son entrée dans le groupe familial.

Comme nombre de dirigeants, ces entrepreneurs passés par le Web n'aiment pas évoquer leur ascendance, ni leur héritage familial. « Mon père m'a essentiellement transmis des valeurs », déclare Alain Lévy qui n'en dira pas plus sur le sujet. Même si son père a investi dans Startup Avenue, le fils met un point d'honneur à souligner qu'il a lui-même construit son parcours, dans un secteur tout neuf. « Les choses ont beaucoup changé par rapport aux générations précédentes », explique-t-il. « Les entrepreneurs de la "nouvelle économie" travaillent dans un horizon de temps très court. Les projets sont développés sur trois ou quatre ans. Dès le début, il faut penser à la sortie... qui va racheter la boîte ? C'est un peu étrange lorsqu'on a une conviction très forte sur une innovation mais c'est ainsi. » Autre changement, l'instantanéité des relations commerciales : « Dans le négoce, j'ai appris que la parole est d'or. Lorsqu'on se met d'accord sur un prix d'achat, on s'y tient quelle que soit l'évolution des cours dans les jours suivants. Aujourd'hui, à l'ère du numérique, tout évolue en temps réel. On se permet de changer plusieurs fois d'avis et de beaucoup parler sans toujours passer à l'acte. » Après l'explosion de la bulle Internet en 2001, beaucoup de « startupeurs » ont jeté l'éponge. Alain Lévy fait partie de ceux qui ont continué en cherchant les modèles économiques capables d'aider au développement de nouvelles entreprises. Weborama est aujourd'hui l'une des entreprises françaises reconnues dans le marketing en ligne et la data science. Elle parvient à tirer son épingle du jeu face à ses concurrents, tels que les poids lourds Google ou Oracle et une ribambelle de start-up américaines. Dans un secteur aussi concurrentiel et qui nécessitait d'être défriché, le soutien paternel n'aura pas été de trop. Même si elle compte de nombreux aventuriers, venus de nulle part, la « nouvelle économie » n'échappe pas totalement à la logique dynastique, à l'œuvre dans le reste de l'économie.

La promotion des talents bloquée

On le sait peu, les héritiers sont aux manettes dans tous les secteurs de l'économie française. Énergie, agroalimentaire, automobile, distribution, luxe, BTP, alcool... Même quand elles ne possèdent qu'une petite partie du capital, les familles font la pluie et le beau temps dans les affaires. Chez Danone, Franck Riboud a été imposé par son père pour lui succéder au poste de P-DG en 1996. Les deux hommes ont réussi à garder le pouvoir en détenant une part minime des actions du groupe, autour de 1 % seulement pour Franck Riboud. Est-ce parce qu'il fut très critiqué à son arrivée et étiqueté « fils à papa », qu'il a choisi, fin 2014, Emmanuel Faber, son bras droit et directeur délégué, sans aucun lien familial, pour lui succéder à la direction opérationnelle ? Dans nombre de grands groupes du CAC 40, les patrons imposent leur descendance pour leur succéder dans le fauteuil de P-DG. Le management a bien du mal à se professionnaliser en haut lieu. Le capitalisme familial empêche le renouvellement des élites dirigeantes et bloque la promotion des nouveaux talents.

La France est championne en la matière. Certains ont pu pronostiquer le déclin du pouvoir des familles dans les années 1980, décennie où les marchés financiers ont acquis énormément de poids dans le financement de l'économie. Au début des années 2000 pourtant, selon les économistes David Sraer et David Thesmar 64 % des entreprises françaises cotées en Bourse étaient sous le contrôle d'une famille qui, si elle n'était pas actionnaire majoritaire, était l'actionnaire de référence. Au même moment, la proportion n'était que de 20 % aux États-Unis et de 24 % en Grande-Bretagne. Selon l'Institut Montaigne, quinze familles contrôlaient près de 35 % de la place financière parisienne début 2002 : un record en Europe. La donne n'a pas changé. Les temps sont même très favorables au « family business » : en 2008, sur les 200 plus grandes entreprises françaises, 76 étaient sous contrôle familial, contre 62 vingt ans plus tôt. Les TPE et PME étant, elles aussi, souvent attachées à une famille, une grande majorité des entreprises de l'Hexagone sont gérées par des héritiers. Ernest-Antoine Seillière, descendant de la dynastie Wendel, ne disait-il pas, alors qu'il était patron du Medef : « Il n'y a pas de capitalisme qui ne soit pas familial. L'anomalie du capitalisme, c'est le marché [1] » ? Problème : le capitalisme familial n'est pas forcément un gage de réussite économique, ni d'éthique dans les affaires. L'économiste Thomas Philippon estime que les performances des

1 *Le Monde*, 30 juillet 2002.

entreprises suite à une succession peuvent chuter de près de 40 %[2]. D'autant que les familles ont tendance à conserver les activités florissantes et à se débarrasser des branches en difficulté. Il souligne aussi que le paternalisme, qui ne dura qu'un temps ailleurs, tend à persister en France, soutenu par le goût des hiérarchies et des statuts.

Le fameux adage le dit : « Le père construit, le fils consolide, le petit-fils dilapide... » La vision de long terme ne résiste pas toujours à la succession des générations. L'exemple de la famille Wendel est emblématique. Lors la crise de la sidérurgie dans les années 1970, les puissants maîtres des forges lorrains n'ont pas survécu. Le groupe s'est alors séparé de son activité historique. Ernest-Antoine Seillière, l'un des descendants de la famille par sa mère, a ensuite transformé Wendel en vaste société d'investissement avec des participations tous azimuts : Bureau Veritas, Valeo, Cap Gemini... La famille a renfloué ses comptes mais n'a pas su sauver l'activité de son groupe, engloutissant au passage plusieurs milliards de francs de subventions publiques.

Le secteur de l'agroalimentaire repose traditionnellement sur des familles issues du monde agricole. En mars 2015, plusieurs entreprises familiales laitières ont été condamnées pour leur participation au « cartel des yaourts ». Parmi elles, l'une des plus puissantes, Lactalis. La société, dirigée par la famille Besnier depuis 1946, est le premier groupe laitier et fromager mondial. Elle a écopé de l'amende la plus forte (56,1 millions d'euros), en raison de son chiffre d'affaires conséquent. Parmi les autres sociétés condamnées, Senagral, propriété, jusque fin 2014, du groupe Senoble, entreprise familiale issue d'une fromagerie, créée en 1921 dans l'Yonne, mais aussi Novandie, filiale du groupe Andros, propriété de la famille Gervoson depuis 1985. Leur délit : s'être entendues, entre 2006 et 2012, sur les prix facturés aux distributeurs lors d'appels d'offres. Ce qui aurait conduit à une hausse des tarifs « estimée entre + 2 %

2 Thomas Philippon, *Le Capitalisme d'héritiers*, Paris, Seuil, « La République des idées », 2007.

et + 7 % », selon l'Autorité de la concurrence. Plusieurs de ces entreprises ont fait appel de la décision

Sous l'effet de la crise, la course à la préservation des emplois a conduit à une certaine réhabilitation des entreprises patrimoniales. Les deux lois Dutreil de 2003 et 2005 ont été adoptées pour encourager les patrons à anticiper la transmission de leur société en accordant des exonérations fiscales importantes, notamment en matière d'ISF (impôt de solidarité sur la fortune). Surtout, la transmission en ligne directe, à ses propres enfants, a été rendue beaucoup plus facile et moins onéreuse que la cession à toute autre personne. Le « family business » présente plusieurs avantages pour la puissance publique. Il permet souvent d'améliorer la pérennité des entreprises et parfois d'éviter la prise de contrôle par des intérêts étrangers. Un nom de famille et une réputation installés tendent à rassurer. C'est une assise pour démarcher les fournisseurs et de nouveaux clients. Les banques prêtent à des taux d'intérêt moins élevés aux entreprises familiales. Le climat social tend à y être plus apaisé. Les entreprises chargées de distribuer des dividendes ont une vision de court terme, tandis que les entreprises familiales se projettent sur plusieurs générations. Du coup, certains salariés anticiperaient la stabilité de leur emploi et accepteraient des rémunérations moindres au moment de signer avec un employeur issu d'une lignée d'entrepreneurs.

Le mythe du « self-made man »

La transmission héréditaire du top management des entreprises, elle, soulève beaucoup plus de questions. Dans une économie ouverte, où la concurrence fait figure de vertu, les actionnaires devraient avoir la possibilité de choisir entre plusieurs successeurs dans le fauteuil de P-DG. C'est pourtant rarement ainsi que les choses se passent, en particulier à la tête des grands groupes du CAC 40. La pression des cours de Bourse, des entreprises concurrentes ou des collaborateurs en interne n'a pas eu raison de la logique dynastique, toujours largement à l'œuvre aujourd'hui. Lagardère, Pinault, Dassault, Ricard, Bolloré... Autant de groupes où le poste suprême est occupé par un rejeton de la famille. Yvon Gattaz, ancien dirigeant du CNPF (Conseil national du patronat français) à l'humour bon teint, qui défendit ardemment les entreprises patrimoniales, résuma ainsi la situation sur l'antenne de France Culture : « Pour la succession des entreprises familiales les patrons se partagent en deux catégories : ceux qui croient que le génie est héréditaire et ceux qui n'ont pas d'enfants », paraphrasant l'écrivain et scénariste Marcel Achard. Le syndicat patronal semble lui aussi contaminé par la logique dynastique puisque son fils, Pierre Gattaz, est devenu président du Medef en 2013.

À l'opposé, le mythe du « self-made man », bâtissant pierre après pierre son empire, imprègne encore les esprits. Celui-ci semble n'avoir pourtant qu'assez rarement trouvé une traduction concrète dans l'économie française. Comme l'ont expliqué le sociologue Michel Villette et l'historienne Catherine Vuillermot [3], les traits de caractère personnels des entrepreneurs ont peu à voir avec leur réussite professionnelle. En étudiant les trajectoires d'un panel constitué des plus riches entrepreneurs de la planète, ils démontrent qu'à l'origine des carrières d'hommes d'affaires, on trouve des familles elles-mêmes déjà rompues à l'exercice d'un métier en tant qu'indépendant avec, souvent, une expérience de la vente sur plusieurs générations. Le plus souvent, ceux-ci sont issus de familles possédantes, capables de mettre à disposition des capitaux. Les plus riches entrepreneurs ne sont donc pas partis de rien. La plupart appartiennent aux classes les plus aisées de la société. Pour ceux dont la famille n'a pas constitué un capital, c'est la belle-famille qui apporte de l'eau au moulin, comme dans le cas de François Pinault, qui reprit l'entreprise familiale de bois dont sa femme, Louise Gautier, était héritière, avec l'aide financière de son beau-père qui lui prêta, à l'époque, plus de 400 000 francs. La somme est sans commune mesure avec l'empire créé depuis par le patron

3 Michel Villette et Catherine Vuillermot, *Portrait de l'homme d'affaires en prédateur*, Paris, La Découverte, 2005.

d'Artémis, mais elle a mis le pied à l'étrier de l'ambitieux homme d'affaires qui, ensuite, a pu racheter des dizaines de sociétés et fit fortune en spéculant sur le marché du sucre au milieu des années 1970.

La « nouvelle économie » tend à entretenir le mythe du self-made man à l'américaine. Notamment parce que l'entrepreneuriat y occupe une place prépondérante. Après un parcours dans la banque d'investissement (Paribas, Crédit suisse), Charles Beigbeder, le frère de Frédéric, a poursuivi sa carrière dans la Net économie. D'abord en lançant Selftrade, site de courtage en ligne, puis à la tête de l'opérateur d'électricité Poweo. En 2007, il crée Audacia, une structure de financement des PME. Son père, Jean-Michel Beigbeder, était lui aussi entrepreneur, l'un des pionniers du métier de chasseur de têtes en France. « Mon arrière-grand-mère déjà était entrepreneuse », se souvient-il. « Elle a fondé deux cliniques dans les années 1920 à Pau. Je ne sais pas si l'esprit d'entreprise se transmet. Peut-être à travers un état d'esprit, mais c'est sous-jacent. Dans mes affaires, à chaque fois, je suis parti de zéro. » Dans la « nouvelle économie », tout le monde peut-il réussir ? Les portes se sont-elles ouvertes pour ceux qui veulent entreprendre sans pouvoir bénéficier d'un appui familial ? « Il n'y a pas de vraie barrière à l'entrée », assure Charles Beigbeder. « Xavier Niel le démontre par le succès incroyable de Free. Nul besoin d'avoir le parrainage de quelqu'un. Il faut une bonne idée, de l'énergie, savoir fédérer les talents et trouver des capitaux. L'investissement s'est professionnalisé. Le capital-risque français est l'un des plus dynamiques au monde. Les investisseurs raisonnent en termes de rentabilité et non avec des critères de clan. Avoir un nom connu, issu d'une dynastie, peut aider pour obtenir des rendez-vous. Mais si vous vous appelez M. ou Mme Dupont, vous aurez aussi le rendez-vous ! Ça prendra peut-être juste un peu plus de temps. »

Les contacts de papa peuvent tout de même aider à trouver des fonds. Au début des années 2000, Laurent Tapie s'est lancé dans les paris sportifs en ligne avec le site free-goal.com. Il parvient à lever 4,5 millions d'euros auprès d'une banque. Bernard

Tapie devient le consultant phare du site créé par son fils. Lequel a périclité depuis, mais pas les velléités du fils Tapie sur Internet. Après avoir travaillé au sein du groupe Partouche, pour développer les paris en ligne, il lance le site bernard-tapie.com qui promet des réductions de 15 % à 25 % sur des produits achetés en gros. Tapie père est mis à contribution pour des spots de pub. Le site est toujours en activité et prétend pouvoir accorder des ristournes « jusqu'à 80 % » par rapport au prix de vente dans le commerce. Le père et le fils sont devenus inséparables en affaires. Ils s'associent pour se lancer dans les tournois de poker. Et voient les choses en (trop) grand : le stade de Wembley à Londres, qui peut accueillir jusqu'à 90 000 personnes, est loué pour un tournoi géant. Ils seront moins de 400 participants à se présenter le jour J. Malgré ces bides, rien n'arrête le père et le fils. Lorsque le premier rachète le journal *La Provence,* le second est nommé à la tête de la rédaction multimédia. Laurent Tapie a aussi organisé la riposte pour défendre les intérêts de son père en lançant le site affairetapie.info. Objectif : prouver « en toute objectivité », prétend-il sans rire, que son père n'a rien à se reprocher dans l'arbitrage controversé prononcé en sa faveur dans le différend qui l'oppose au Crédit lyonnais. Les Tapie ont parfaitement pris le tournant 2.0 pour leur « family business ». Deux ans plus tard, en février 2015, le demi-frère de Laurent, Stéphane Tapie, est lui aussi nommé à *La Provence,* au poste de directeur des activités numériques.

Autre avantage du nom dans la Net économie : la *name recognition* permet d'aller plus vite que les autres. « Le coup de projecteur médiatique sur des noms connus peut être un plus », reconnaît Charles Beigbeder. « C'est une donnée importante lors du démarrage d'une boîte. Dans le numérique, ce qui compte ce n'est pas tant d'avoir l'idée avant tout le monde, que de se lancer plus vite que les autres. Surtout qu'en matière d'innovation, il y a souvent une prime au premier entrant. » Attirer l'attention des médias au tout début d'un projet donne un avantage comparatif dans la course aux capitaux. En 2011, le petit-fils de Serge Dassault a lancé une start-up de jeux vidéo pour smartphones et tablettes. Adrien Dassault a baptisé son bébé Heliceum en souvenir de son arrière-grand-père, inventeur de l'hélice aérodynamique. Détenteur majoritaire de sa société, il reste discret sur les autres investisseurs. En dehors des jeux vidéo, difficiles à rentabiliser, Heliceum a lancé une application de montage photo, Faker$, qui a été téléchargée plus de deux millions de fois. L'entreprise développe aussi des applications à destination des entreprises, notamment pour *Le Figaro*, propriété de son grand-père. La presse lui a consacré de nombreux papiers dès le lancement de l'entreprise. Le couple qu'il forme avec Marguerite Longuet, fille de l'ancien ministre de la Défense, Gérard Longuet, elle-même juriste d'affaires, s'est retrouvé en photo dans les pages people des magazines. Une visibilité qui, si elle est maîtrisée, ne nuit pas aux affaires.

Les holdings ou quand les familles s'organisent

Si beaucoup de « fils de » ont fait leurs premiers pas dans la « nouvelle économie » au cours des années 2000, ils sont des héritiers de fortunes s'appliquant avec soin à organiser leur succession et la gestion de leur patrimoine. Depuis le XIXe siècle, les grandes familles industrielles créent des holdings familiales, puissantes machines à transmettre. Hier comme aujourd'hui, l'objectif est de réunir dans une entité patrimoniale unique des participations diversifiées. Toutes sortes d'activités peuvent ainsi être rassemblées : de l'immobilier, des œuvres d'art ou caritatives, des activités vinicoles... Ces actifs vont permettre à la société familiale de fructifier. La mise en commun du patrimoine de plusieurs membres d'une même famille est un modèle qui a résisté au temps. Il en va de l'existence même du « family business » qui pourra prospérer si les nouvelles générations se montrent dynamiques. « Les sociétés familiales cherchent à conserver leurs atouts et à lutter contre leurs potentielles faiblesses. Elles ont des héritiers qui peuvent devenir des rentiers. Si c'est le cas, en très peu de temps, la société risque de disparaître. À l'heure de la compétition mondiale, une entreprise qui ne continue pas de croître est en danger. Tout l'enjeu des holdings est de réussir à ce que les générations successives soient tournées vers la création et l'essor. Il faut que les descendants développent l'esprit d'entreprise », explique Sophie Schiller, professeure de droit des sociétés à l'université Paris-Dauphine.

La famille Mulliez, propriétaire de l'enseigne Auchan, l'a très bien compris. Elle compte pas moins de 640 membres. Leur holding commune, l'Association familiale Mulliez (AFM), a été créée en 1955 pour assurer la succession de Louis Mulliez, filateur installé à Roubaix. La fortune de son descendant direct, Gérard Mulliez, et de sa famille, s'élève à 20 milliards d'euros, juste derrière celles de Bernard Arnault et Liliane Bettencourt. Sur le papier, les magasins Auchan, Décathlon, Saint Maclou, Boulanger, Leroy Merlin, Kiabi ou Flunch sont des entreprises indépendantes les unes des autres. Elles sont pourtant toutes contrôlées par l'AFM et ont été créées par ses héritiers successifs. Au total, une quarantaine d'enseignes pour un chiffre d'affaires de 40 milliards d'euros en France. L'AFM aime tester de nouveaux concepts lancés par les jeunes générations issues de ses rangs. Pour les encourager à innover, celles-ci sont accompagnées financièrement ou matériellement, avec notamment la mise à disposition de locaux. Parmi les grands succès du groupe, l'enseigne Kiloutou, fondée par Franky Mulliez en 1980. Grâce à des investissements et des rachats dans les années 2000, le fils de Francis Mulliez, celui qui a fondé l'AFM, en a fait l'un des tout premiers groupes de location de matériels en France. Avec cette solidarité familiale, les héritiers ont donc le choix : innover ou travailler dans le groupe. Hugues Mulliez a, lui, lancé un magasin de matériel informatique, Youg's, avant de racheter l'enseigne Surcouf à PPR en 2009. La fusion des deux marques n'a pas pris, malgré leur activité commune et des implantations complémentaires. En 2012, Surcouf est mis en liquidation judiciaire. L'un des rares échecs de la dynastie.

Ces grandes familles savent que l'activité historique risque, avec le temps, d'être en perte de vitesse. Elles anticipent le besoin de renouvellement et de diversification. Le sang neuf de leur descendance est ainsi mis à contribution pour défricher de nouveaux secteurs, remplir les bas de laine familiaux et assurer la continuité du patrimoine commun. Une mécanique bien huilée. Comme d'autres, les Peugeot ont bien compris qu'il leur fallait varier leurs sources de revenus. Leur holding FFP (Société foncière financière de participations) a ainsi constitué un portefeuille de titres dans plusieurs sociétés. Elle est entrée au capital de l'entreprise d'électroménager SEB, de la société de nettoyage Onet, de l'institut de sondages Ipsos ou encore des autoroutes Sanef. La holding comporte également un fonds de capital-risque, des actifs immobiliers et des participations dans un vignoble. Un classique du genre.

Les holdings permettent de garder la main au fil des héritages et des évolutions économiques, mais aussi de régler d'inévitables querelles internes. Chez les Peugeot, c'est Robert qui gère la holding familiale. Dans cette famille discrète, l'homme détonne par son côté bling-bling et un certain parisianisme. Après le décès brutal de Pierre Peugeot en 2002, il a fallu répartir les rôles entre les aînés des trois principales branches de la famille. Le patriarche n'avait laissé aucun testament. Thierry Peugeot est le plus attaché au Doubs, le fief des Peugeot. Il a hérité de la présidence du conseil de surveillance de PSA, poste qu'il occupera jusqu'en 2014. Cette année-là, la famille Peugeot est passée de 25 % à… 14 % dans le capital de PSA. La holding familiale s'est, en quelque sorte, fait doubler. À cours de cash et après avoir réalisé des pertes abyssales en 2013, le constructeur automobile avait besoin d'argent frais. La famille, elle, avait déjà beaucoup remis au pot grâce à une diversification de ses activités. Le redressement de PSA en nécessitait beaucoup plus. Tapis dans l'ombre, l'américain General Motors et le chinois Dongfeng attendaient patiemment leur heure…

Les deux héritiers, Thierry et Robert, vont alors s'opposer sur les solutions de sauvetage. Le premier pense qu'une augmentation de capital financée directement sur le marché peut suffire. Pour lui, la famille doit rester l'actionnaire de référence et pourra trouver des partenaires industriels une fois que l'entreprise aura recouvré une meilleure santé. Le second soutient le plan de l'État français qui consiste en une prise de participation publique à hauteur de 14 % et d'une montée du chinois Dongfeng dans les mêmes proportions. Derrière, l'idée est que Peugeot doit se diversifier et investir dans d'autres secteurs pour survivre. Les membres de la famille ont choisi cette solution. À l'issue, leur participation commune dans le nouvel ensemble n'est plus que de 14 %. Désormais, le management de l'entreprise a des comptes à rendre à trois actionnaires aux participations équivalentes. Depuis 1966, la direction opérationnelle du constructeur est confiée à un manager extérieur. En 2007, Robert Peugeot se serait bien vu, malgré tout, dans le fauteuil de président du directoire. Mais Christian Streiff lui a été préféré, auquel succéderont Philippe Varin puis Carlos Tavares. Une page s'est tournée en 2014, mais sans la holding familiale, les Peugeot seraient-ils encore aux commandes de PSA ?

Les holdings familiales sont, on l'a dit, des remparts qui protègent des prédateurs extérieurs. Pendant quatre ans, les descendants d'Émile Hermès se sont battus pour conserver le contrôle du sellier après l'entrée surprise au capital, fin 2010, de son rival LVMH, d'abord à hauteur de 14 %, puis à plus de 23 %. Grâce à l'achat d'actions transformables, Bernard Arnault a pu opérer discrètement et a pris la famille de court. *Via* un système de commandite par actions, la famille contrôlait de fait l'entreprise. Mais, pour se défendre, elle a décidé d'ajouter un verrou supplémentaire en créant, en 2011, une holding non cotée rassemblant les cinquante-deux principaux héritiers actionnaires, baptisée H51. En rassemblant 51 % du capital, les héritiers Hermès ont voulu sanctuariser leur majorité au capital du groupe, dont ils détenaient alors près de 70 %, afin de contrer une montée rampante du géant du luxe. Ses membres se sont engagés à ne pas revendre leurs actions pendant vingt ans. À partir de 2011, chaque année, un tiers des dividendes versés par Hermès International à la holding a servi à racheter des actions détenues par des membres de la famille. Donner la possibilité aux héritiers de monétiser leurs parts sans les vendre sur le marché a permis d'éviter que LVMH ne se renforce au capital.

En 2015, la famille Hermès contrôlait 65 % du capital et pesait 25 milliards d'euros, selon le magazine *Forbes*. Au bout de quatre ans, et après plusieurs procédures judiciaires, les deux ennemis ont fini par signer un accord. LVMH a accepté de céder les deux tiers de ses actions Hermès et s'est engagé à ne pas acheter de nouveaux titres du groupe pendant cinq ans. En échange, Hermès a abandonné toutes ses poursuites judiciaires. Bernard Arnault est loin d'être perdant puisque au passage, il a réalisé une plus-value de près de 4 milliards d'euros. Après cet épisode, Axel Dumas, quarante-quatre ans, héritier de la sixième génération, a pris les rênes de l'entreprise créée en 1837, par son ancêtre, Thierry Hermès. Il a le mérite d'avoir organisé la résistance : c'est lui qui a convaincu les membres de la famille de créer une holding pour se protéger contre LVMH. L'emblématique patron depuis 1978, Jean-Louis Dumas, a passé la main en 2006. Son fils, Pierre-Alexis, qui dirige la création, a longtemps hésité à prendre la suite. Après l'intérim de Patrick Thomas, premier gérant non familial du groupe, Axel Dumas, neveu de Jean-Louis, est finalement choisi. Une passation sous les meilleurs auspices : Hermès pèse 28,2 milliards en Bourse, soit 12 fois plus que PSA, 4,5 fois plus que Bouygues et 3 fois plus que Michelin. Mais placée sous le signe de la vigilance.

Les querelles intestines peuvent menacer le pouvoir des familles. En particulier au moment du passage de témoin entre générations. En 2012, Patrick Thomas avait conseillé les héritiers Lacoste au moment où Michel Lacoste, soixante-huit ans, annonçait vouloir prendre du recul et passer la main à la troisième génération. Mais une bataille rangée entre le père et sa fille, Sophie Lacoste, candidate à la succession, va conduire à une guerre des clans dont la famille est sortie perdante. Incapables de trouver un accord, les héritiers vont jeter l'éponge en novembre 2012 et céder leurs parts à Maus Frères, groupe Suisse qui détenait 35 % du capital de la marque au crocodile. L'entreprise familiale cofondée en 1933 par le mousquetaire René Lacoste est revendue pour un milliard d'euros. Le choix de l'héritier demeure un moment très délicat dans l'histoire des entreprises familiales.

10

Le choix des héritiers

L'espace d'un instant, Bouygues, le géant français de l'immobilier et des télécoms, aussi propriétaire de TF1, a vacillé. Le samedi 28 février 2015 à 14 h 28, l'AFP diffuse une alerte annonçant la mort de Martin Bouygues. L'information est démentie à 14 h 59 sur LCI, filiale de TF1, par sa directrice adjointe de l'information, Catherine Nayl. L'annonce avait de quoi soulever des inquiétudes au sein du groupe quant à son avenir. Car, à cette date, Martin Bouygues, P-DG depuis 1989, n'avait pas encore préparé sa succession. Les statuts de son groupe fixent à soixante-dix ans la limite d'âge au poste de P-DG. L'horizon se situe donc pour lui quelque part aux alentours de 2022. Mais l'aîné n'ayant que trente et un ans, aucun de ses trois enfants ne semble en mesure de lui succéder, comme lui-même prit la suite de son père, Francis, doublant alors son frère aîné, Nicolas Bouygues. Ses deux fils, William et Edward, travaillent respectivement chez Bouygues Construction et Bouygues Telecom. Leur sœur, Charlotte Bouygues, est entrée au marketing de L'Oréal en 2013. L'annonce erronée du décès de Martin Bouygues a relancé les spéculations et inquiétudes sur sa succession, comme si l'absence d'un héritier familial déjà positionné dans les starting-blocks pour prendre la suite faisait peser une menace sur le groupe.

À chaque patron sa stratégie pour préparer sa succession… La plupart refusent de l'évoquer ouvertement mais les entrepreneurs nourrissent souvent des visées dynastiques dès leurs premiers succès. La transmission à un membre de la famille reste le chemin le plus emprunté par les chefs d'entreprise, mus par le souci de préserver l'activité, mêlé à celui de perpétuer leur action, le tout mâtiné d'une pincée d'ego. Au sein de LVMH, Bernard Arnault n'a pas encore passé la main, mais deux de ses enfants occupent déjà des postes haut placés dans le groupe. Chez L'Oréal, entre la mère, Liliane Bettencourt, et sa fille, Françoise Bettencourt-Meyers, qui entretiennent des relations difficiles, l'aîné des deux petits-fils, Jean-Victor Meyers, fait tampon et s'occupe de la tutelle de sa grand-mère. Il a remplacé celle-ci au conseil d'administration de L'Oréal en 2012, devenant le plus jeune administrateur du CAC 40. En février 2015, Alexandre Ricard a pris les rênes de l'entreprise Pernod-Ricard, créée par son grand-père, Paul Ricard. À quarante-deux ans, il est devenu le plus jeune patron du CAC 40. Le décès brutal de son oncle, Patrick Ricard, à l'été 2012, avait pris de court l'entreprise. Pendant deux ans, Pierre Pringuet, bras droit du directeur défunt, a assuré l'intérim au poste de P-DG, avec pour mission de former Alexandre en vue de ses nouvelles fonctions. Une transmission parfaitement maîtrisée par la famille, qui avait fixé la date pour l'arrivée aux commandes d'Alexandre Ricard moins de deux semaines après le décès de son oncle.

À la tête des grands groupes, la transmission est encore souvent le fait du prince. Problème : la succession met en jeu la survie de l'entreprise et des dizaines de milliers d'emplois. Le terrain est sensible, à la fois professionnellement et personnellement. Quand passer la main – et donc renoncer à son propre pouvoir ? À qui transmettre parmi les enfants d'une même fratrie ? Comment asseoir la crédibilité et la légitimité du fils ou de la fille du patron ? Dans un pays épris d'égalité, les successions ne sont pas forcément positives en termes d'image. L'héritier aura tôt fait d'être remis en cause s'il ne fait pas ses preuves rapidement. Question subsidiaire : pourquoi ne pas promouvoir un cadre méritant de l'entreprise ayant fait la démonstration de ses compétences ? À cette interrogation, les entreprises familiales substituent plutôt une seule alternative : vendre ou transmettre à leurs enfants. Certains assument pleinement leur objectif et affichent leur visée dynastique au grand jour.

Créer une « nouvelle dynastie »

Dans beaucoup de PME ou d'ETI, la transmission familiale va de soi. Jean-Luc Petithuguenin est un patron de la première génération. En 1994, cet ancien salarié de la Compagnie générale des eaux (CGE) a racheté Paprec, une entreprise de recyclage basée à La Courneuve, en Seine-Saint-Denis, qui comptait quarante-six salariés. Aujourd'hui, l'entreprise emploie plus de 4 000 personnes. Paprec collecte les déchets des grands groupes comme L'Oréal, Carrefour ou EADS. Depuis 2000, son P-DG est également président et fondateur du groupe Helios, leader français de la signalisation sur les routes, qui emploie 500 salariés. Avec Paprec, l'objectif de son dirigeant est clairement affiché : créer une nouvelle « dynastie de l'environnement », explique-t-il. Dans un secteur en plein essor, en l'espace de deux décennies, la petite TPE est devenue une ETI florissante, réalisant près de un milliard d'euros de chiffre d'affaires. À cinquante-sept ans, le dirigeant est en train de passer progressivement la main, avec méthode. « Depuis le début, j'ai eu en tête que j'avais une entreprise qui pourrait se transmettre », confie-t-il. « J'aime l'idée que l'histoire s'écrive sur plusieurs générations. » Principal avantage du « family business » : s'inscrire dans le temps long. « À partir du moment où vous construisez une entreprise que vous voulez transmettre, vous pensez à plus de dix ans, voire trente ou quarante ans. Il ne s'agit pas d'optimiser le profit du prochain semestre. » Autre atout, la possibilité de transmettre des valeurs. « Diriger n'est pas qu'une affaire d'argent. C'est beaucoup plus facile dans une ETI familiale de développer un certain nombre de valeurs, de s'y tenir et de considérer que ça fait partie de l'ADN de la boîte », juge-t-il. Patron affichant des idées humanistes et sociales, il s'est engagé en faveur de la mixité, dans un métier encore très masculin, et de la diversité. Paprec s'est aussi illustré, en 2014, avec l'adoption d'une charte, votée à l'unanimité par ses salariés, interdisant le port de signes religieux dans son entreprise.

Ses trois fils travaillent déjà à ses côtés. L'aîné, Sébastien, est directeur général adjoint. Thibault, le cadet, gère les publications internes et externes du groupe. Le plus jeune, Mathieu, est adjoint au directeur délégué commercial. « Nous sommes dans une industrie nouvelle. J'ai fait le premier milliard de chiffre d'affaires, mes enfants vont pouvoir faire le second, voire le troisième », prévoit leur père. Transmettre ou vendre ? Le dilemme de tout dirigeant qui a réussi dépend de plusieurs facteurs. « La santé d'abord et le fait d'avoir des enfants qui veulent prendre la suite », estime Jean-Luc Petithuguenin. Des exemples récents l'illustrent. En mai 2015, le groupe américain XPO Logistics annonçait le rachat surprise de l'entreprise de transport Norbert Dentressangle, leader européen dans son secteur. La vente de cette entreprise familiale est une conséquence de l'état de santé de son patron emblématique. À la veille de ses cinquante ans, Norbert Dentressangle a appris qu'il était atteint d'une maladie grave. Il a alors réaménagé la direction, pris du champ au conseil de surveillance et laissé les manettes de l'entreprise à des cadres opérationnels pendant plus de dix ans. Avant de décider de la céder puisque ses deux fils menaient des carrières en dehors du groupe. Bien que cotée, la société Norbert Dentressangle était restée, depuis sa création en 1979, une entreprise familiale, contrôlée à 67 % par son fondateur.

« C'est aussi lié à votre train de vie et à vos besoins », poursuit le dirigeant de Paprec. « Si votre rêve est de rouler en Ferrari, d'avoir un jet privé, peut-être que vous avez besoin de vendre. » Mais surtout, pour transmettre et s'inscrire dans une logique dynastique, encore faut-il que les enfants soient capables de diriger. Dans la famille Petithugenin, l'aîné a fait Normal Sup'. Après quatre ans en Angleterre comme *business analyst* chez Comex, il est revenu en France au moment du décès de sa sœur des suites d'une longue maladie, afin d'épauler son père. Il n'en partira plus. Restait à soigner son intégration dans le groupe. « Il faut construire sa crédibilité, trouver un équilibre entre la légitimité professionnelle et la légitimité familiale. La seconde est bien comprise dans un groupe de notre taille », estime Jean-Luc Petithuguenin. « Mes collaborateurs préfèrent être dirigés par un de mes fils qui poursuivra l'œuvre de son père plutôt que par un financier qui viendrait peut-être avec des idées différentes. En même temps, ils n'ont pas envie d'être dirigés par un imbécile... » D'où la nécessité de faire ses preuves à l'extérieur avant d'intégrer l'entreprise. Mais attention, l'ailleurs peut se révéler séduisant : « C'est difficile de savoir à quel moment vous dites à vos enfants de vous rejoindre. S'ils restent trop longtemps à l'extérieur et s'y plaisent, réussissent, ils peuvent décider d'y faire toute leur carrière. » Maintenant que les trois fils ont intégré le groupe, la succession se prépare. « Je leur ai déjà transmis une partie de mon patrimoine professionnel et réglé les droits de succession. Le conseil d'administration de la holding familiale se réunit au moins une fois par trimestre et étudie les enjeux », explique leur père. « Ma grande angoisse, c'était que mes enfants découvrent à mon décès toutes les problématiques de la maison, le niveau d'investissement ou de dette. Donc je passe beaucoup de temps à essayer d'expliquer, à tenter de leur donner les clés pour bien diriger. »

Lors de la dernière convention annuelle de Paprec, l'un de ses collaborateurs lui a posé ouvertement la question : « Le matin, quand vous vous rasez, pensez-vous à votre succession ? » Le patron de Paprec a répondu par l'affirmative. « Ça ne me semble pas raisonnable de vieillir trop longtemps sans préparer la suite. Et en même temps, ça ne veut pas dire arrêter demain. Aujourd'hui, je suis P-DG, un jour je ne serai plus que président. Et un jour administrateur... » En attendant, il s'affaire avec pour objectif de ne pas léguer à ses enfants une tâche trop difficile. « Si je vendais, je leur donnerais du capital dont ils feraient ce qu'ils veulent. Alors qu'en transmettant, je leur lègue un patrimoine bien plus immatériel. Et l'angoisse est de leur mettre sur les épaules une charge trop lourde. Il faut leur simplifier la vie, les aider à comprendre. Derrière, il y a 4 000 salariés, plus les conjoints et les enfants, qui vous font confiance. À partir du moment où vous transmettez, vous léguez cette responsabilité aussi. »

Jean-Luc Petithuguenin ne doit son parcours qu'à lui-même. Il n'est pas un héritier. Est-ce chose facile de transmettre lorsqu'on n'est pas né soi-même avec une cuillère en or dans la bouche ? « Il y a une sorte de conflit sur ce qu'il faut leur donner, ce qu'ils doivent mériter », reconnaît-il. « Jusqu'où faut-il aller dans la transmission ? Je ne crois pas que mes enfants doivent endurer exactement les difficultés auxquelles j'ai moi-même été confronté. Ensuite, l'équation se résout avec ses collaborateurs. S'ils m'avaient dit que mon fils n'était pas capable, je ne l'aurais pas placé au poste de numéro 2. » La nouvelle génération se prépare maintenant aux défis qu'elle devra relever. Paprec vend dans cinquante pays en réalisant 40 % de son chiffre d'affaires à l'export. Ce sera aux enfants Petithuguenin d'assurer la croissance internationale du groupe, en allant construire des usines à l'étranger. « Ils auront certainement une problématique interculturelle plus forte à gérer », anticipe leur père. « Ainsi qu'un défi complexe à relever, celui de faire partager et de préserver les valeurs dans un groupe qui pourrait compter demain 10 000 ou 15 000 collaborateurs. » Autres enjeux : innover, dans un secteur toujours plus concurrentiel, et anticiper la concentration à venir d'un métier aujourd'hui très éclaté, qui compte seulement quelques multinationales. « Mais tant que je pourrai, je serai avec eux pour essayer de résoudre ce type de sujets », conclut le dirigeant de Paprec.

Parcours initiatique

Il est devenu presque indispensable, pour les héritiers, de construire leur légitimité, de manager avec application. Les expériences en dehors du groupe permettent de démontrer des capacités qui n'ont rien à voir avec l'ascendance familiale. Bien avant de succéder à son oncle à la tête de Pernod-Ricard, Alexandre Ricard a été consultant en stratégie chez Accenture à la fin des années 1990, puis en fusion-acquisition au sein de la banque Morgan Stanley à Londres. La comparaison avec le père est l'écueil le plus cinglant pour les « fils et filles de ». Afin d'y échapper, les futurs héritiers sont aussi incités à mettre les mains dans le cambouis rapidement au sein de l'entreprise, pour asseoir progressivement leur leadership. Quitte à ce qu'un cadre fidèle vienne parfois chaperonner la jeune pousse pour accélérer et faciliter son apprentissage. Comme le jeune Édouard Michelin, coaché en 1989 par Carlos Ghosn, lorsqu'il prend la direction de la filiale Michelin North America. Il y a fait ses classes avant de rejoindre la direction du groupe à Clermont-Ferrand, trois ans plus tard. Monté progressivement en responsabilité, il succède à son père à la tête de la manufacture clermontoise en 1999, quelques années avant sa disparition tragique à bord de son bateau, au large de l'île de Sein en 2006, à quarante-deux ans.

Avantage des tierces personnes, cadres éminents qui chapeautent les héritiers : les messages sont plus faciles à faire passer et la charge affective bien moindre. Et pour apprendre, les missions exécutées au bas de l'échelle, véritables parcours initiatiques, sont autant d'occasions de les tester, histoire de s'assurer de la motivation et des compétences de l'heureux élu. Les fils de Jean-Claude Decaux ont été mis à l'épreuve sans attendre. Objectif : développer le groupe à l'international. L'aîné, Jean-François, est allé conquérir le marché allemand dès 1982. Le cadet, Jean-Charles, s'est chargé de l'Espagne à vingt et un ans seulement, et le benjamin, Jean-Sébastien, de l'Italie et de la Belgique. Le patron du numéro 1 mondial de l'affichage publicitaire, qui a créé sa propre entreprise à seize ans à Beauvais, n'a pas hésité au moment d'organiser sa succession. Il s'y est préparé dès 2000 et a confié la direction opérationnelle à ses deux premiers fils en leur imposant l'alternance. Une année sur deux, chacun son tour. En 2013, il a passé la main et nommé l'aîné président du directoire.

Gabriel Naouri, héritier du groupe Casino, a fait le tour du propriétaire avant de se hisser au sein de la direction. Il rejoint l'enseigne en 2007. Auparavant, Naouri Junior est envoyé en stage par son père à New York, au sein du département fusions-acquisitions de la banque Rothschild. Grégoire Chertok, associé de la banque, est aussi un des plus proches amis du patron de Casino. Puis, Gabriel Naouri rejoint L'Oréal au marketing de la division shampooing. Histoire de se faire les dents. Chez Casino, il lui aura fallu passer par un tas de fonctions diverses à tous les niveaux du groupe pendant cinq ans avant d'accéder à la direction. D'abord en Bretagne, au Géant Casino de Rennes, où il enchaîne tous les métiers : tenir la caisse, effectuer l'inventaire, jouer les agents d'entretien. Puis, à Poitiers et à Saint-Étienne, berceau historique du groupe, il suit les formations maison : boulangerie, pâtisserie, poissonnerie, fruits et légumes. Chef de rayon dans le magasin de Mandelieu-La Napoule, il passe aussi par Marseille, Annemasse, Paris et Bordeaux. L'initiation se poursuit au sein de la holding, Euris, comme directeur des investissements. Il dirige ensuite le magasin Géant de Fenouillet, près de Toulouse. Ce n'est qu'en 2012 qu'il est nommé directeur de la marque, de l'innovation et du digital. Deux ans plus tard, il devient directeur adjoint de la coopération internationale du groupe.

Même scénario aux Galeries Lafayette. En mars 2013, Nicolas Houzé devient directeur général de la branche « Grands magasins ». L'héritier appartient à la cinquième génération de la famille actionnaire de la célèbre enseigne. Sa grand-mère, Ginette Moulin, est elle-même la petite-fille du fondateur des « Gal' Laf' », Théophile Bader. Le père de Ginette a créé l'enseigne Monoprix, dans un groupe où les gendres ont toujours occupé une place de choix. Nicolas Houzé a de qui tenir. Mais il avait aussi tout à apprendre. Attachée à la transmission, sa famille a d'abord envoyé l'héritier faire ses gammes à l'extérieur. Sa première expérience professionnelle, au sein du cabinet AT Kearney, ne dure que dix mois. Il rejoint ensuite le groupe où il est confié à un mentor, Jean-Pierre Gouby, qui le coache pour ses premiers pas. Et le met en situation, aux rayons poissonnerie, vêtements ou papeterie des magasins Monoprix. Sa mission suivante : lancer une enseigne de proximité, Daily Monop'. Pari réussi, qui scelle sa légitimité dans l'entreprise. Après un MBA à l'Insead, il redresse, non sans difficultés, la branche horlogerie. Le parcours du fiston a permis à son père, Philippe Houzé, d'accélérer la succession.

Quand Lagardère « presse » Pinault

Un temps coaché par un fidèle bras droit de son père, Philippe Camus, Arnaud Lagardère a été mis sur orbite très tôt. En 1988, Jean-Luc Lagardère n'a pas hésité à présenter officiellement son fils, Arnaud, lors d'une conférence de presse. Le jeune homme, alors âgé de vingt-sept ans, était encore étudiant à l'université Paris-Dauphine. À l'époque, l'affaire ne faisait aucun doute : le patron de Matra allait organiser la passation de pouvoir entre lui et son fils. Restait juste à savoir quand. L'héritier est envoyé aux États-Unis, en 1994, pour redresser une filiale, Grolier, un éditeur d'encyclopédies et de livres pour enfants. C'est l'épreuve du feu. À l'heure du CD-Rom, l'éditeur ne vaut plus grand-chose. Mais l'héritier Lagardère limite la casse : la filiale sera vendue au quatre cinquième de son prix d'achat. Cette première expérience lui donne de l'assurance. À son retour en France, quatre ans plus tard, il s'installe dans le bureau de son père, rue de Presbourg, à Paris. Un événement va précipiter son arrivée au sommet du groupe : la mort brutale de Jean-Luc Lagardère, un vendredi de mars 2003. La transmission est court-circuitée. Lagardère fils doit se jeter à l'eau beaucoup plus vite que prévu. Trois jours après le décès de son père, c'est lui qui assure la présentation des résultats annuels du groupe pour 2002. « Après un peu plus de quarante années de vie commune, il me reste une très grande ambition : celle de continuer à construire l'œuvre que mon père n'a pas pu terminer », déclare Arnaud Lagardère en hommage au défunt. Il conclut en lisant le conseil laissé par son père sur un petit papier : « Chacun agit en toute liberté, en écoutant sa conscience, et c'est bien ainsi. » La transmission n'est pas préparée. Jean-Luc Lagardère laisse derrière lui un groupe puissant mais miné par les querelles internes. Et aucun testament.

À l'origine, Jean-Luc Lagardère n'était pas le propriétaire de Matra. Il y a pris le pouvoir grâce à la technique des holdings en cascade. Son fils a hérité de ce savoir-faire financier. Détenteur d'une part très minoritaire du capital (8,18 %), il a pu pourtant se maintenir au pouvoir grâce à un système de commandites très compliqué à détricoter. Son empire réalise 8 milliards d'euros de chiffre d'affaires et compte aujourd'hui plus de 21 000 collaborateurs. En un peu plus de dix ans, l'héritier a divisé par deux le périmètre du groupe qui comptait plus de 45 000 collaborateurs et réalisait un chiffre d'affaires de plus de 13 milliards d'euros. Lagardère fils entend diriger à sa façon. Les médias l'intéressent plus que tout. L'aéronautique, l'héritage industriel bâti par son père, beaucoup moins. Il sera progressivement délaissé. En 2013, Arnaud Lagardère vend ses derniers 7,5 % de participation dans le groupe européen EADS, défaisant ainsi ce que son père avait mis quarante ans à construire. Les haras et les pur-sang maison, auxquels son père tenait tant, sont cédés aussi. Sa gestion est régulièrement questionnée, voire très critiquée, en off, par des cadres du groupe. Ses choix de communication et la mise en scène de sa vie privée dans des vidéos kitch avec son épouse, Jade Foret, déconcertent ou consternent. Mais Lagardère fils n'en a cure et continue à faire ses choix, sans se soucier des qu'en-dira-t-on. Proche de son père étant enfant, avec qui il vit suite au divorce de ses parents, il ne cherche plus à poursuivre son œuvre. Mais jouit pleinement de la part de son héritage qui l'intéresse le plus.

Le décès de Jean-Luc Lagardère a accéléré une autre succession, à la tête du groupe Pinault-Printemps-Redoute (PPR). Deux mois après le tragique accident, François Pinault engageait la passation de pouvoir à la tête de son groupe. Fin 2003, au restaurant *L'Ami Louis*, à Paris, le père annonce à son fils qu'il va lui laisser les coudées franches. François-Henri est diplômé de HEC et a fait son entrée dans le groupe en 1987. Avant d'arriver à sa tête, François-Henri a dû, lui aussi, s'aguerrir. Il sera vendeur au dépôt d'Évreux puis nommé à la tête de la branche industrie du bois, là où son père a commencé à bâtir la fortune familiale. Sur les quatorze usines, François-Henri en ferme une et procède à ses premiers licenciements. En 1991, il prend la tête de Pinault Distribution, filiale mal en point. Après une cinquantaine de plans de restructuration, la branche réalise l'un des meilleurs bénéfices du groupe en 1994. Il est propulsé à la tête de la Fnac en 1997, enseigne grand public, qui le place en première ligne. Et parvient à s'y faire un prénom. L'héritier Pinault est ensuite chargé du développement du commerce électronique au sein du groupe. Ces expériences, comme autant d'initiations, ne suffisent pas à rassurer le père, qui veut être certain de faire le bon choix. En 1997, Pinault père met donc en place un *trustee* (groupe de confiance) pour jauger Pinault junior jusqu'à ses trente-sept ans. Composé de Jean Peyrelevade, Alain Minc ou encore Jérôme Monod, l'entité n'aura pas à s'opposer au choix « naturel » du père, convaincu par la trajectoire de son fils au sein du groupe. François-Henri finit par faire l'unanimité.

À peine nommé P-DG, en 2005, le fils s'est emparé du pouvoir. Il s'est appliqué à couper toutes les branches qui menaient à son père, avec la bénédiction de ce dernier. Tous les membres du comité exécutif, sauf un, ont été poussés vers la sortie à son arrivée. Alain Minc a dû raccrocher ses gants d'administrateur et Serge Weinberg, fidèle bras droit qui avait couvé l'héritier pendant son ascension, a lui aussi dû rendre son tablier. Depuis, François-Henri a remodelé PPR, rebaptisé Kering. La distribution a été cédée pour se concentrer sur le luxe et le sport, l'habillement et les accessoires. En faisant le pari (gagnant) de s'adresser aux marchés émergents (Chine, Inde...). En un peu plus de dix ans, le groupe est devenu deux fois plus rentable et sa capitalisation boursière s'est envolée. Une passation réussie. Même si l'héritage s'est fait au détriment de son frère, Dominique Pinault, avocat de formation, également diplômé de HEC. Le petit dernier a fait ses classes à Rexel, enseigne de distribution de matériel professionnel basée en Suisse. Mais chez les Pinault, pas de batailles ni de fâcheries inutiles.

Arnault, Bolloré : des héritiers propulsés

Chez le grand rival, Bernard Arnault, les héritiers sont toujours en concurrence. Et donc toujours sur la sellette. Le père observe les performances de sa fille, Delphine, et de son fils, Antoine, respectivement directrice générale adjointe de Louis Vuitton et directeur général de la marque Berluti. Avantage à la première, car Vuitton, navire amiral de LVMH, représente plus de la moitié des 5,9 milliards de bénéfices du groupe. Mais papa Arnault voudrait faire de Berluti le nouveau Vuitton. Pour son premier poste dans le groupe, Delphine Arnault a été nommée numéro 2 de Dior. Antoine Arnault, lui, est entré dans le groupe de son père sans y faire réellement ses preuves de manager. Nommé au marketing de Vuitton, en 2002, il en devient le directeur de la communication cinq ans plus tard. Son fait d'armes : une campagne de pub avec Mikhaïl Gorbatchev, Catherine Deneuve, Steffi Graff et André Agassi, Bono et sa femme ou le trio Zidane-Maradona-Pelé shootés par Annie Leibovitz, la photographe des stars. Depuis son arrivée à la tête de Berluti, la marque se transforme à marche forcée mais les pertes sont encore importantes et les comptes sont renfloués par la maison-mère. Delphine et Antoine sont issus du premier mariage de leur père. Tous deux ont été mis très jeunes dans le bain : ils avaient moins de trente ans lorsqu'ils ont été propulsés au conseil d'administration de LVMH. Papa est loin de s'être retiré et reste aux commandes. Et sont-ils les véritables héritiers de l'empire LVMH ? Bernard Arnault a eu trois autres enfants avec la pianiste canadienne, Hélène Mercier. Parmi eux, Frédéric, second de la fratrie. À la rentrée 2014, le brillant élève a intégré Polytechnique, comme son père, qui en est sorti major en 1969. Bernard Arnault a présidé le 124e bal de l'X qui a eu lieu en mai 2015, au château de Versailles. En posant fièrement avec son fils pour les photographes.

Ne pas avoir assez d'expérience dans la communication et la publicité, c'est ce que certains salariés d'Havas reprochent à Yannick Bolloré, bombardé P-DG du groupe, le 30 août 2013, à trente-trois ans seulement. À cette date, il détient 35 % du capital de l'agence. Bolloré fils n'a pas eu à gravir les marches une à une, façon parcours du combattant. L'ascension a été fulgurante. Après avoir créé une société de production, il rejoint la saga dynastique dès 2006, en devenant, à seulement vingt-six ans, directeur des programmes de la chaîne D8. Couvé à ses débuts par le journaliste Philippe Labro, il est nommé, trois ans plus tard, directeur de Bolloré Média, qui regroupe les quotidiens gratuits *Direct Matin* et *Direct Soir* ainsi que l'institut de sondages CSA. À cette occasion, il rachète la chaîne Virgin 17 à un autre héritier, Arnaud Lagardère. Un an plus tard, son père décide de revendre les deux chaînes à Canal +, avec une grosse plus-value. Il devient au passage le premier actionnaire de Vivendi. C'est toujours le père qui décide. Vincent Bolloré a annoncé vouloir se retirer en… 2022, année de ses soixante-dix ans. Encore loin de la retraite, le patron d'origine bretonne a déjà placé trois de ses quatre enfants au sein du groupe. Sébastien est directeur des nouvelles technologies, et Cyrille, directeur général de Bolloré Énergies. Ses trois fils sont également administrateurs du groupe.

« Je t'aime, moi non plus »

Parmi les P-DG du CAC 40, certains ont du mal à passer la main. En attendant, les enfants patientent et jouent des coudes. Les quatre héritiers Dassault occupent tous des fonctions clés au sein du groupe. Laurent gère les investissements quand Olivier, également député UMP de l'Oise, est président du conseil de surveillance de la holding. Thierry s'occupe des activités multimédias et Marie-Hélène de la communication et du mécénat. Olivier et Thierry bataillent depuis longtemps pour prendre les rênes. Mais leur père, Serge Dassault, n'est pas pressé de choisir. En 2014, c'est le directeur général du groupe, Charles Edelstenne, qui est désigné pour lui succéder automatiquement « en cas de vacance de la présidence ». Déjà homme de confiance de Marcel Dassault, Charles Edelstenne avait soutenu la candidature de Serge Dassault pour succéder à son père en 1986, contre l'avis des pouvoirs publics et les velléités des barons du groupe. Un comité des sages composé de six membres a été créé pour arbitrer un éventuel différend dans le choix du successeur à la mort du patriarche. Comme le fit son père, Serge Dassault ne passera sûrement pas la main de son vivant.

Plutôt que de préparer la passation de pouvoir à ses fils, Alain Afflelou a préféré revendre son entreprise au fonds d'investissement britannique Lion Capital en 2012. L'un de ses quatre enfants, Lionel, a hérité de la succursale genevoise du groupe, qui possède dix magasins en Suisse romande. Pas vraiment un poste stratégique. Romain Afflelou a préféré fonder sa propre affaire de design de montures. Et venir titiller papa sur ses terres pendant plusieurs années. Ses clients se comptaient parmi les concurrents de son père. Il est aujourd'hui directeur Web du groupe qui a implanté son siège à Londres.

Quand la famille transmet mais n'adoube pas, les héritiers doivent faire leur place tout seuls. « Quand Le Baron a ouvert, tout le monde pensait que la famille Partouche était derrière. Pourtant, ils n'ont pas mis un euro dans l'affaire », s'amuse Lionel Bensemoun, cofondateur du club branché parisien avec l'artiste-graffeur André Saraiva. Petit-neveu d'Isidore Partouche, le fondateur des casinos du même nom, Lionel Bensemoun s'est construit un destin tout seul quand ses cousins travaillent pour la plupart au sein du groupe familial. L'un d'entre eux, Prosper, a par exemple développé des jeux de poker en ligne avec Laurent Tapie. Cette activité a depuis été abandonnée par la famille Partouche. Lionel, lui, ne porte pas le patronyme illustre. Mais ce n'est pas la seule raison pour laquelle il s'est toujours senti à part dans sa propre lignée. « J'étais un peu le marginal de la famille. À seize ans, je vendais des fripes sur le marché d'Aix-en-Provence, je m'habillais baba cool, j'avais les cheveux longs. Mes parents n'étaient pas inquiets mais ma famille voulait me recadrer », se souvient-il. Animé par un sentiment de rejet, il décide de faire ses preuves par lui-même. Rien de tel qu'une famille qui a réussi pour créer une émulation. Dans les années 1960, les Partouche sont arrivés d'Algérie à la suite d'Isidore, le patriarche. Au total, sept frères et trois sœurs qui, chacun, vont ouvrir de petits hôtels, des restaurants, boîtes de nuit et salles de jeu un peu partout en France. En 1973, Isidore est le premier à lancer un casino dans le Nord, à Saint-Amand-les-Eaux. Aujourd'hui, le groupe en compte 47, dont 42 établissements en France et 5 à l'étranger.

Après avoir développé le business des flyers, acheté une imprimerie, créé un festival à Calvi, animé des soirées et ouvert un club, la reconnaissance familiale arrive en 2005. Patrick Partouche, le fils d'Isidore, l'appelle et lui propose d'organiser une soirée dans l'hôtel 3.14, une des dernières acquisitions du groupe, à côté du Carlton : « Ils ont fini par être fiers de moi. Parce que je me suis débrouillé tout seul pour tout faire. » Depuis, les ouvertures d'établissements se sont multipliées : trois restaurants japonais, des bars dans le IXe, un club dans le XIIIe... Mais Lionel Bensemoun travaille toujours indépendamment des Partouche. Il trouve des partenaires qui apportent des fonds, sans jamais faire appel à ceux de sa famille. Lui s'occupe de la déco, de l'animation et se charge de faire venir du monde. Envie de faire ses preuves jusqu'à l'extrême ? « Je ne veux pas de dettes, pas d'emprunt. Je fais avec les moyens du bord. Je n'ai jamais eu besoin de fonds en réalité », répond-il. Sa famille lui a appris de façon informelle à « recevoir et créer des lieux ». En 2012, il lance une salle de jeux, Le Fantôme, avec flippers et baby-foot, dans le Xe arrondissement. « La famille ouvrait le même genre d'endroits quand ils sont arrivés en France. Et j'ouvre aussi des clubs qui ressemblent à ce qu'ils faisaient dans les années 1970. Mais je ne le savais pas, je l'ai appris après. Donc il y a un vrai lien. La transmission s'est faite de façon très naturelle », reconnaît-il. Il y a aussi des valeurs, inculquées par une famille « forte, soudée » : « Être élevé dans ce milieu familial assez sain m'a permis de ne pas toucher à la drogue, de bosser depuis plus de dix ans dans la nuit sans boire. » C'est aussi un héritage.

Des « fils et filles de » stratégiquement placés

En dehors des grandes dynasties du CAC 40, les héritiers prospèrent quand même dans les entreprises. Henri Proglio, ancien patron de Veolia et d'EDF, est le fils d'un maraîcher d'Antibes. Ses ancêtres ont quitté le Piémont au début du XXe siècle pour rejoindre le sud de la France. Il n'est pas issu d'une grande famille mais les logiques de réseau sont sa spécialité. Où les « fils et filles de » ont toute leur place. Ainsi, en 2012, il embauche Ludivine Olive, ancienne chef de cabinet de Michèle Alliot-Marie, chez EDF. Celle qui sera chargée des relations institutionnelles avec les élus n'est autre que la nièce de la ministre UMP.

En 2006, la fille de Jean-Louis Borloo, Pauline, est recrutée comme *manager project* chez Veolia. À l'époque, Proglio le chiraquien cherche à soigner ses relations avec le futur candidat UMP à la présidence de la République, Nicolas Sarkozy. Borloo fut une porte d'entrée. Il recrutera aussi son ex-compagne, Valérie, mère de deux de leurs enfants, au département ressources humaines. Rachida Dati jouera aussi le rôle de relais du P-DG. L'hebdomadaire *Marianne* a ainsi recensé pas moins de sept de ses frères ou sœurs travaillant chez Veolia, pour la plupart à l'étranger.

Mais Proglio sait soigner tous ses réseaux. Veolia travaille pour des collectivités locales de tous bords politiques. Arthur de Villepin, fils de l'ancien Premier ministre, sera embauché lui aussi dans cette filiale et mène depuis sa vie d'expat' à Hong Kong. Julien Bartolone, le fils de Claude, a aussi trouvé un poste au sein de l'entreprise environnementale, mais dans la filiale australienne. Proglio trouve aussi un job à Monique Lang, la femme de Jack, l'ancien ministre de la Culture socialiste. Une fois intronisé à la tête d'EDF, il recrute le frère de Jérôme Cahuzac et le ballet des « fils et filles de » continue : Lætitia

Estrosi, la fille du député-maire de Nice, entre au département fusions-acquisitions de l'électricien, poste qu'elle quittera en décembre 2014, peu de temps après le départ de son patron, Henri Proglio. Instrumentalisés dans les réseaux de pouvoir, les « fils et filles de » n'en trouvent pas moins, au passage, une confortable place qui fleure bon le népotisme.

Conclusion

Une société en panne sèche

Le jeu est tronqué et les dés pipés. Aux postes de pouvoir comme dans les arcanes du succès, les « fils et filles de » possèdent une longueur d'avance très difficile à rattraper. Ils sont imposés avec autorité à la tête des entreprises, sans toujours avoir les compétences nécessaires. En politique, certains héritiers issus des baronnies locales parviennent à succéder à leurs illustres parents. Alors que survit le mythe de l'artiste qui peut réussir grâce à ses seuls dons, le cinéma fonctionne comme une aristocratie où l'état civil et le réseau familial occupent une place centrale pour faire carrière. Que le talent soit là ou non, les patronymes célèbrent trustent les places au soleil de l'industrie culturelle.

Et pourtant, les successions sont loin d'être évidentes. Le poids de parents ayant très bien réussi est parfois lourd à porter pour ceux qui ont décidé de s'inscrire dans leur sillon. Que tant de « fils et filles de » veuillent, malgré tout, mimer la trajectoire de leurs géniteurs est le symptôme d'une société qui fonctionne en vase clos, manque d'initiative et d'imagination, préférant exploiter des rentes de situation. Que le piston soit pratiqué à tous les niveaux et dans la plupart des secteurs n'est un secret pour personne. Mais quand l'élite se replie sur elle-même et devient inaccessible, toute la société s'en ressent. En panne de renouvellement, elle se sclérose. Comment de nouveaux talents peuvent-ils émerger si les places sont déjà en grande partie occupées par les descendants de ces aristocraties nouvelles ou installées ?

Le phénomène des « fils et filles de » est le symptôme d'un malaise social bien plus large. Si la méritocratie en tant que telle n'a jamais vraiment existé, peut-on imaginer un système démocratique qui ne tende pas vers cet objectif ? En France, la mobilité sociale tend pourtant à régresser. En 2014, une enquête publiée par l'*Economics of Education Review* montrait une importance accrue du revenu des parents dans la réussite scolaire de leurs enfants, au cours de la décennie 1993-2003. L'impact des transferts familiaux (connaissance, culture, informations et réseaux) avait également progressé. Par manque de moyens, l'école ne corrige plus les inégalités liées à la naissance. Au contraire, elle semble aujourd'hui les accentuer.

L'ascenseur social est en panne et l'entre-soi des élites toujours plus fort. Chaque année, les enfants de hauts fonctionnaires sont nombreux à être diplômés de l'ENA, en dépit des initiatives très médiatisées pour favoriser la diversité dans l'accès à la haute administration. En 2004, on trouvait dans la « botte » – les quinze premières places donnant accès aux grands corps – pas moins de cinq fils ou petits-fils d'énarques. Les élèves de la fameuse promotion « Léopold Sédar Senghor », celle notamment du ministre de l'Économie, Emmanuel Macron, ont réalisé une étude qui a montré que les notes des rapports de stage des enfants d'énarques ont été largement supérieures à la moyenne. Des évaluations cruciales pour leur futur classement. Lorsque les parents eux-mêmes sont à la manœuvre pour aider leurs enfants à accéder à des postes haut placés ou en vue, ces pratiques fleurent bon le népotisme. Sans toujours aller jusque-là, ces transmissions de parents à enfants, aidées par des contacts judicieusement mis à contribution, illustrent une dérive monarchique dans un système où la reproduction sociale fonctionne parfaitement.

À tous les niveaux, la société semble verrouillée. Faut-il y voir une continuité d'hier à aujourd'hui ? Nantes, octobre 1934, dans une France en pleine crise économique, Édouard

Daladier, fils de boulanger et déjà désigné deux fois président du Conseil des ministres, dénonce, lors du congrès du Parti radical, les « 200 familles qui, par l'interpénétration des conseils d'administration, par l'autorité de la Banque de France, sont devenues les maîtresses indiscutables non seulement de l'économie française, mais de la politique française. Ce sont des forces qu'un État démocratique ne devrait pas tolérer, que Richelieu n'eût pas tolérées dans le royaume de France [...] ». L'économie et la France d'aujourd'hui n'ont plus grand-chose à voir avec celles des années 1930 mais, comme nous l'avons montré, l'aristocratie des affaires est toujours au pouvoir.

Elle est proche du pouvoir politique et le fut en particulier sous la présidence de Nicolas Sarkozy, dont la proximité avec Martin Bouygues ou Vincent Bolloré n'était un secret pour personne. On assiste aujourd'hui à un mélange des mondes et des sphères de pouvoir. La « peoplisation » a brouillé les cartes. Les frontières entre les différents champs sont gommées. Les présidents de la République sont en couple avec un ex-mannequin – Nicolas Sarkozy et Carla Bruni – ou une actrice – François Hollande et Julie Gayet. Même mode chez les chefs d'entreprise : François-Henri Pinault est marié à l'actrice Salma Hayek, Arnaud Lagardère au mannequin belge Jade Foret, David Hallyday à Alexandra Pastor, l'une des héritières du magnat de l'immobilier qui fit fortune à Monaco, Jean-Michel Pastor. Et nul doute que cette tendance va s'accentuer. L'interpénétration croissante des mondes économiques, politiques et du spectacle crée un effet de cour, dont les « fils et les filles de » sont les futurs princes et princesses.

Table

III. MUSIQUE, CINÉMA, MODE : LE RÈGNE DES PETITS PRINCES

IV. ÉCONOMIE : L'OBSESSION DYNASTIQUE

Composition Facompo, Lisieux.
Achevé d'imprimer en août 2015
par CPI Firmin Didot
à Mesnil-sur-l'Estrée.
Dépôt légal : septembre 2015
Numéro d'imprimeur : 130490
Imprimé en France